노무관리
핸드북

HR실무자를 위한
실무밀착형 참고서

★★★★★
2025년
상반기

2025년 상반기 인사노무 및 세무회계의
주요업무를 월별로 한눈에 볼 수 있게
정리했습니다.

중앙경제 노무법인 MIDAM 미담 택스홈

2025년 상반기
노무관리 핸/드/북

초판인쇄 2025년 2월 13일
초판발행 2025년 2월 18일

펴낸이 김남진
펴낸곳 중앙경제

디자인 이지훈, 최가영, 가보영
마케팅 신석재, 김성울, 이소영, 윤지희, 김선혜
경영지원 이상훈, 박세라, 조용환

출판등록 80.6.21 제2-66호
주소 서울시 중구 다산로11길 19(신당동 355-8) 백석빌딩 신관 4층
전화 02)2231-7293
팩스 02)2235-5344
홈페이지 www.elabor.co.kr

ISBN 978-89-7017-568-3 (13320)
정가 20,000원

2025년 상반기

노무관리 핸드북

차례

2025년 달라지는 노동관계법령 및 노무관리 유의사항

2025년 정부의 주요 노동정책 및 기업 대응 방향

2024년 하반기 주요 노동판례 및 행정해석 정리

2025년
달라지는
노동관계법령 및
노무관리 유의사항

최저임금 인상에 따라 2025년에는 1만원을 초과하는 최저시급이 적용되고, 근로기준법 등 모성보호 3법이 개정됨에 따라 육아휴직 기간 연장, 임신기 근로시간 단축기간 확대, 관련 급여 지원 확대 등이 시행된다. 2025년에 변경되는 노동관계법령의 주요 내용과 노무관리 시 유의해야 할 사항 등을 알아보고자 한다.

참고 2025년 달라지는 노동관계법령 등 주요 내용

구분	주요 변경 내용
최저임금	◦ 10,030원으로 인상(전년 대비 1.7% 인상)
모성보호 제도 확대	◦ (육아휴직) 한부모 등 요건 만족 시 추가 6개월 부여, 3회 분할 사용, 육아휴직 급여 근로자 및 사업주 지원 확대 ◦ (육아기단축) 12세(초등 6학년)이하 자녀 대상 최대 3년, 1개월 단위 사용, 육아기 근로시간 단축 지원금 확대 ◦ (배우자출산휴가) 20일 유급휴가, 120일 이내 사용, 분할 3회 가능 ◦ (임신기근로시간단축) 임신 12주 이내, 32주 이후 사용 ◦ (출산전후휴가) 미숙아 출산 시 100일 휴가부여 ◦ (난임휴가) 연간 6일(최초 2일 유급) 부여, 비밀유지의무 신설 ◦ (연차산정) 임신기・육아기단축기간 출근 간주하여 정상 연차
상습체불 사업주 제재 강화	◦ 재직자에게 임금 미지급 시 연 20%의 지연이자 지급의무 신설 ◦ 상습체불 사업주에 대한 신용, 정부지원, 공공입찰 불이익 등 경제적 제재 ◦ 명단공개 사업주에 대한 출금금지 근거 신설 및 반의사불벌제 적용 제외 ◦ 사용자의 상습적 체불에 대해 3배 이내의 손해배상 청구 규정 신설

산업안전보건 관련 법 개정	◦ 4월 28일을 산업재해근로자의 날로 지정 ◦ 폭염・한파 관련 건강장해를 산업안전보건법상 보건조치 대상으로 적용
2025년 적용 4대보험요율	◦ 건강보험・장기요양보험・고용보험 동결 ◦ 국민연금과 산재보험은 변경 요율 적용 예상
지원금 개편	◦ 청년일자리도약장려금 내 빈일자리 지원 유형 신설 ◦ 장애인 표준사업장에 대한 도약지원형 지원금 신설 ◦ 직장어린이집 대상 인건비 추가지원 근거 마련

1 2025년 최저임금 인상(시행 : 2025.1.1.)

2025년 1월 1일부터 최저임금이 시간급 기준 10,030원으로 인상됩니다. 이를 월급으로 환산할 경우 2,096,270원(1주 40시간 근무, 월 소정근로 209시간 기준)으로, 전년 대비 1.7%(35,530원) 인상되었다.

만약 시급제 또는 일급제 근로자에게 주휴수당을 포함한 시급과 일당을 적용한다면 시급은 최소 12,036원(기본시급 : 10,030원, 주휴수당 : 2,006원)을, 1일 8시간 기준 일당은 최소 96,288원(기본일당 : 80,240원, 주휴수당 : 16,048원)이상이 되어야 하며, 반드시 근로계약서에 기본금액과 주휴수당을 구분하여 명시해야 효력을 인정받을 수 있다.

1. 최저임금 미달자에 대한 급여 인상 검토

최저임금 위반 리스크 해소를 위해서는 우선 근로자별 적용 최저임금이 당해연도 최저임금에 미달하는지를 판단해야 한다. 최저임금 미달 여부는 근로자별 최저임금에 산입되는 임금의 합계를 월 소정근로시간 수(예 : 1일 8시간, 1주 40시간 근무하는 근로자의 월 소정근로시간 수는 209시간)로 나누어 판단한다.

최저임금에 산정 시 포함되는 임금은 소정근로의 대가로서 근로자에게 매월 1회 이상 정기적으로 지급하는 임금이며 기본급, 직무수당, 식대, 근속수당 등이 포함된다. 소정근로의 대가로 볼 수 없는 연장·야간·휴일근로수당과 미사용 연차수당, 통화 이외의 것으로 지급하는 생활 보조 또는 복리후생적 임금 등은 포함되지 않는다.

또한 최저임금 미달여부는 임금 지급 시점을 기준으로 판단함에 유의해야 한다. 2025년 1월 이후에 임금이 결정되어 추후 소급적용을 하더라도 임금을 지급할 당시에는 최저임금에 미달한다면 법 위반이므로 임금 협상 시점과 관계없이 최소한 2025년 1월분 급여부터는 2025년 최저임금 이상이 되도록 해야 한다.

2. 최저임금 주지의무 이행

최저임금법 제11조에 의거 최저임금을 그 사업의 근로자가 쉽게 볼 수 있는 장소에 게시하거나 그 외의 적당한 방법으로 근로자에게 널리 알려야 한다. 주지의무를 이행할 경우 사용자는 최저임금액, 최저임금 산입 제외 임금, 최저임금의 적용이 제외되는 근로자의 범위, 최저임금의 효력발생 연월일 등을 매년 1월 1일 전날까지 근로자가 쉽게 볼 수 있는 장소에 게시하는 등의 방법으로 근로자에게 알려야 하며, 구체적인 방법으로는 사내 게시판에 공고하거나 근로자별 이메일로 발송하는 방법을 고려해볼 수 있다.

2 모성보호 3법 개정에 따른 모성보호제도 확대

흔히 모성보호(또는 육아지원) 3법이라고 불리는 근로기준법, 남녀고용평등 및 일·가정 양립 지원에 관한 법률(약칭 : 남녀고용평등법), 고용보험법이 2024.10.22.자로 개정·공포됨에 따라 2025년 2월 23일부터[1] 변경된 모성보호제도가 적용된다.

참고 모성보호제도 주요 변경 내용

구분	변경 전	변경 후	시행일
육아휴직	◦ 사용기간 : 1년	◦ 사용기간 : **최대 1년 6개월** (부모 모두 각 3개월 이상 육아휴직을 사용하거나 한부모 또는 중증 장애아동 부모에 해당할 경우 추가 6개월 부여)	2025. 2.23.
	◦ 분할사용 : 2회(임신 중 사용횟수 제외)	◦ 분할사용 : **3회**(임신 중 사용횟수 제외)	
	◦ 육아휴직 개시 7일전까지 육아휴직 신청	◦ 자녀 출생 후 18개월 이내 육아휴직을 시작하려는 경우 출산전후휴가 등과 통합 신청 가능	2025. 1.1.
	◦ 신설	◦ 육아휴직 신청에 대해 14일 이내 허용 사실을 서면 또는 전자적 방식으로 통지	

1) 단, 일부는 공포 즉시 시행되었고, 일부는 현재 입법예고 상태임

육아기 근로시간 단축	◦ 대상자녀 : 8세(초등 2학년)	◦ 대상자녀 : 12세(초등 6학년)	2025. 2.23.
	◦ 사용기간 : 최대 2년 (1년+육아휴직 미사용 기간)	◦ 사용기간 : 최대 3년 (1년+육아휴직 미사용 기간의 두 배)	
	◦ 최소 사용기간 : 3개월 단위	◦ 최소 사용기간 : 1개월 단위	
	◦ 신설	◦ 휴업 등 육아기 근로시간 단축의 종료 사유 관련 규정 신설	2025. 1.1.
배우자 출산휴가	◦ 휴가기간 : 10일(유급)	◦ 휴가기간 : 20일(유급)	2025. 2.23.
	◦ 청구기한 : 출산 후 90일 이내	◦ 사용기한 : 출산 후 120일 이내	
	◦ 분할사용 : 1회	◦ 분할사용 : 3회	
임신기 근로시간 단축	◦ 임신 12주 이내, 36주 이후 사용	◦ 임신 12주 이내, 32주 이후 사용	
출산 전후휴가	◦ 90일의 휴가 부여(다태아의 경우 120일)	◦ 90일의 휴가 부여(미숙아를 출산한 경우 100일, 다태아의 경우 120일)	
난임 치료휴가	◦ 연간 3일(최초 1일 유급)	◦ 연간 6일(최초 2일 유급)	
	◦ (신설)	◦ 비밀유지의무 신설	
연차 산정	◦ 임신기 및 육아기 근로시간 단축 기간에 대해서는 연차휴가 비례 부여	◦ 임신기 및 육아기 근로시간 단축 기간도 출근한 것으로 보아 정상 연차 부여	2024. 10.22.

1. 육아휴직

(1) 육아휴직 기간 연장

법 개정에 따라 동일한 자녀에 대해 부모가 각각 3개월 이상의 육아휴직을 사용하거나 한부모 또는 중증 장애아동의 부모에 해당할 경우 육아휴직을 최대 1년 6개월까지 사용할 수 있다(현행 최대 1년). 또한, 2회에 한해 분할 사용할 수 있던 육아휴직을 3회 분할 사용할 수 있게 되었다. 단, 임신 중인 사원이 육아휴직을 나누어 사용한 횟수를 포함하지 않는 것은 기존과 동일하다.

개정 육아휴직제도는 법 시행 이전에 종전 규정에 따라 육아휴직 1년을 이미 사용하였거나 법 시행 시점에 이미 사용 중이더라도 적용되므로, 자녀 연령 등 육아휴직 기본요건과 6개월 추가 부여 요건을 만족하였다면 기존에 육아휴직을 사용한 근로자라 하더라도 육아휴직 추가 6개월 부여 대상이 될 수 있다.

(2) 육아휴직 신청

법 개정에 따라 출산전후휴가 또는 남녀고용평등법상 배우자출산휴가 신청 근로자가 자녀의 생후 18개월 이내에 육아휴직을 사용하고자 하는 경우 출산휴가 또는 배우자출산휴가 신청 시 육아휴직을 함께 신청할 수 있다.

또한, 기존에는 남녀고용평등법은 육아휴직 신청을 위한 절차만 두고 있을 뿐, 신청을 받은 사용자에 대해서는 허용의 의사표시 의무를 정하고 있지 않았으나, 근로자가 육아휴직 신청한 경우 14일 이내(단, 유·사산 위험이 있거나 출산 예정일 이전에 자녀가 출생한 경우, 배우자의 사망 등으로 영유아를 양육하기 곤란한 경우에는 3일 이내)에 육아휴직 허용 사실을 서면(전자적 방식 포함)으로 알리도록 개정되었다. 만약, 육아휴직 허용 사실을 14일 이내 알리지 않은 경우 근로자가 육아휴직을 신청한 대로 육아휴직을 허용한 것으로 본다.

(3) 육아휴직 급여

참고 육아휴직 급여 인상

변경 전	변경 후
◦ 육아휴직 全기간 통상임금 80%(월 상한 150만원)	◦ 육아휴직 기간별 차등 지급 – 첫 3개월 : 월 통상임금 100%(상한 250만원) – 4~6개월 : 월 통상임금 100%(상한 200만원) – 7개월 이후 : 월 통상임금 80%(상한 160만원)

참고 육아휴직 사후지급금제도 폐지

변경 전	변경 후
◦ 육아휴직 중 75%지급, 복직 후 6개월 이상 계속 근무 시 25% 지급	◦ 육아휴직 중 100% 전액 지급

참고 한부모 근로자 육아휴직 특례 지원금 상한액 인상

구분	변경 전	변경 후
첫 3개월	◦ 월 통상임금 100%(상한 월 250만원)	◦ 월 통상임금 100%(상한 월 300만원)
4개월~6개월	◦ 월 통상임금 80%(상한 월 150만원)	◦ 월 통상임금 100%(상한 월 200만원)
7개월 이후		◦ 월 통상임금 80%(상한 월 160만원)

참고 6+6 부모육아휴직제 지원금 상한액 인상

구분	변경 전		변경 후	
월 지원금	~ 6개월	월 통상임금 100%	~ 6개월	(기존과 동일)
	7개월 이후	월 통상임금 80%	7개월 이후	
월 상한액	1개월	200만원	1개월	250만원
	2개월	250만원	2개월	(기존과 동일)
	3개월	300만원	3개월	
	4개월	350만원	4개월	
	5개월	400만원	5개월	
	6개월	450만원	6개월	
	7개월 이후	150만원	7개월 이후	160만원

(4) 사업주 지원

대체인력지원금과 업무분담지원금의 지원대상이 육아휴직까지 확대되고, 대체인력지원금은 직접 고용한 경우뿐만 아니라 파견근

로자를 대체인력으로 사용한 경우에도 지원되며, 남성 육아휴직에 대한 인센티브제도가 신설되었다. 대체인력지원금의 경우 2025.1.1. 이전 고용된 출산전후휴가, 육아기 근로시간 단축의 대체인력에 대해서도 2025.1.1. 이후의 지원기간에 대해서는 인상된 지원금이 적용된다.

구분	내용	
대체인력 지원금	지원대상	◦ 육아휴직, 출산전후휴가(유·사산휴가 포함), 육아기 근로시간 단축을 허용하고 대체인력을 고용 또는 (파견)사용한 우선지원대상기업 사업주
	지원금액	◦ 대체인력 1명당 최대 120만원(인수인계기간 동일) * 사업주가 부담한 인건비의 80% 한도
업무분담 지원금	지원대상	◦ 육아휴직, 육아기 근로시간 단축을 30일 이상 허용하고 그에 따라 업무를 분담한 동료 근로자에게 금전적 지원을 한 우선지원대상기업 사업주
	지원금액	◦ 육아휴직, 육아기근로시간 단축 근로자 1인의 업무분담에 대해 월 20만원[2]
남성 육아휴직 인센티브	지원대상	◦ 남성 육아휴직을 허용한 우선지원대상 기업 사업주 * 기업별 남성 근로자의 육아휴직 첫 번째부터 세 번째 허용 사례에 대해 지원
	지원금액	◦ 인센티브 월 10만원

2) 육아휴직, 육아기 근로시간 단축 근로자 1명당 분담자는 최대 5명까지 지정할 수 있으나, 합산 지원 상한액은 월 20만원

2. 육아기 근로시간 단축

(1) 육아기 근로시간 단축기간 확대

육아기 근로시간 단축 사용 대상이 되는 자녀의 연령이 8세(초등 2학년)이하에서 12세(초등 6학년)이하로 확대되었다. 또한, 육아기 근로시간 단축 기간이 연장되어 미사용한 육아휴직 기간의 두 배를 가산한 최대 36개월의 육아기 근로시간 단축 사용이 가능해진다. 최소 사용단위기간도 1개월 단위로 축소(개정 전 3개월 단위)되므로, 육아기 근로시간 단축을 원하는 근로자는 횟수에 관계없이 그 사용 범위 내에서 1개월 단위로 육아기 근로시간 단축을 나누어 사용할 수 있다.

법 시행일 이전에 종전의 규정에 따라 육아기 근로시간 단축을 이미 사용하였더라도, 남아있는 육아휴직 기간이 있다면 그 기간의 두 배를 가산한 기간을 육아기 근로시간 단축으로 사용할 수 있다. 뿐만 아니라 이번 개정 법령은 2019.10.1. 개정된 법령의 부칙에 따라 육아휴직 또는 육아기 근로시간 단축을 각각 1년씩 사용할 수 없었던 근로자[3]에 대해서도 소급하여 적용된다. 이에 따라, 자녀 연령 등의 요건을 충족하는 한 해당 근로자들도 육아휴직과 육아기

3) 2019.10.1. 육아휴직과 육아기 근로시간을 각각 1년씩 사용할 수 있도록 법이 개정되었으나, 법 개정 당시 이미 육아휴직과 육아기근로시간단축을 합산하여 1년 사용한 근로자는 개정 법률의 적용을 받지 못했음

근로시간 단축을 각각 1년씩 사용할 수 있고, 미사용한 육아휴직 기간이 있는 경우에는 그 기간의 두 배를 가산한 기간을 육아기 근로시간 단축으로 사용할 수 있다.

참고 육아기 근로시간 단축기간 확대 소급적용 예시

- 법 시행 당시, 육아휴직 1년을 육아기 근로시간 단축으로 사용 중이고 법 시행일(2025.2.23.) 이후 6개월의 기간이 남아 있는 경우 → 미사용 육아휴직 6개월의 2배를 가산하여 1년 사용 가능
- 자녀 연령이 10세, 육아기 근로시간 단축은 모두 사용하였으나 육아휴직은 사용하지 못한 경우 → 육아기 근로시간 단축 최대 2년 사용 가능(미사용 육아휴직 기간 1년에 2배 가산)
- 2019.10.1.이전 육아휴직은 사용하지 않고 육아기 근로시간 단축만 1년 사용하였고, 현재 자녀연령이 만 10세인 경우 → 미사용 육아휴직 1년의 2배를 가산하여 2년 사용 가능

(2) 육아기 근로시간 단축 종료사유 신설

기존 남녀고용평등법은 새로운 육아기 근로시간 단축을 시작하거나 육아휴직 또는 출산전후휴가를 시작하는 경우에 대한 육아기 근로시간 단축 종료 규정을 정하고 있었으나, 법 개정으로 법정 외 휴가 또는 휴직, 휴업 등 실질적으로 근로시간 단축이 이루어지지 않는 경우에 대해서도 육아기 근로시간 단축 종료 사유로 규정했다.

- 육아휴직 등 이외의 사유로 근로자가 휴직 또는 휴가(30일 이상

의 기간 동안 계속되는 휴직 또는 휴가로 한정한다)를 시작하는 경우 : 휴직 또는 휴가 개시일

• 사업주의 귀책사유로 휴업(30일 이상의 기간 동안 계속되는 휴업으로 한정한다)을 시작하는 경우 : 휴업 시작일

(3) 육아기 근로시간 단축 급여 인상

육아기 근로시간 단축 근로자에게 지원되는 최초 10시간 단축분의 급여 산정 시 적용되는 월 통상임금의 상한액이 220만원으로 상향 조정되어 1주 40시간 근무하고 월 300만원을 지급받는 근로자는 1주 10시간 단축 시 55만원의 지원금을 받을 수 있다.[4)]

변경 전	변경 후
◦ 최초 10시간 단축분 급여 산정 시 기준금액[5)]의 상한액 200만원	◦ 최초 10시간 단축분 급여 산정 시 기준금액의 **상한액 220만원**
◦ 나머지 근로시간 단축분 급여 계산시 적용되는 기준금액인 월 통상임금 80%의 상한액은 150만원으로 변경 없음	

4) 월 통상임금(상한 220만원, 하한 50만원)×(10시간(단축 근로시간이 10시간보다 적을 경우 그 시간)÷단축 전 소정근로시간)

5) 월 통상임금의 100%

3. 배우자 출산휴가

(1) 배우자 출산휴가 기간 연장

배우자 출산휴가가 기존 10일에서 **20일로 확대**된다. 또한 사용 기한이 연장되어 근로자는 **배우자가 출산한 날부터 120일 이내에 사용자에게 고지 후 휴가를 사용**할 수 있고(개정 전 90일 이내에 청구) 3회 분할 사용(개정 전 1회 분할 사용)이 가능하다.

법 시행 이후 배우자 출산휴가를 사용 중이거나 기존 휴가 일수 10일을 모두 사용했더라도 90일의 청구기한이 남아있는 경우에는 개정 법령이 소급 적용되므로 총 20일의 휴가를 부여(이미 사용한 휴가일수는 차감)하면 된다.

참고 배우자 출산휴가 소급적용 예시

- 법 시행 전 기존 휴가 일수 10일을 모두 사용하였으나, 청구기한 90일은 경과하지 않은 경우
  - 개정 법령 적용되어 총 20일의 유급휴가 부여
- 법 시행 전 기존 휴가 일수 10일을 모두 사용하고, 청구기한 90일도 경과한 경우
  - 개정 법령 적용 불가
- 법 시행 전 기존 휴가 일수 10일 중 5일을 사용하였으나 청구기한 90일이 경과한 경우
  - 개정 법령 적용 불가

(2) 배우자 출산휴가 급여

배우자 출산휴가의 지원 기간이 기존 5일에서 배우자 출산휴가 전체 기간(20일)으로 확대된다. 이에 따라 우선지원대상기업의 근로자는 배우자 출산휴가 20일에 대해 통상임금의 100%를 지원받을 수 있고, 근로자가 배우자 출산휴가 급여를 지원받는 경우 사용자는 그 금액의 한도에서 지급의 책임을 면할 수 있다.

배우자 출산휴가 급여는 상한액이 설정되어 있는데[6] 아직 2025년 배우자 출산휴가 20일 확대 이후의 배우자 출산휴가 상한액이 고시되기 이전이므로 정확한 급여 한도는 연말 발표되는 고용노동부 고시를 확인할 필요가 있다.

4. 임신기 단축기간 적용 범위 확대

유산·조산의 위험으로부터 임신 중인 근로자와 태아를 보호하기 위해 시행되는 임신기 근로시간 단축 기간이 확대되어 **임신 중 근로자는 임신기간이 12주 이내, 32주 이후일 경우 임신기 근로시간 단축을 사용**할 수 있다(개정 전 12주 이내, 36주 이후). 또한 조기진통, 다태아 임신 등 고위험 임산부의 경우에는 의사의 진단을 받아 임신 전체 기간에 대해 근로시간 단축을 사용할 수 있게 된다.

6) 2025년 적용 배우자 출산휴가 급여의 상한액 : 401,910원(5일 기준)

5. 미숙아 출산 시 출산휴가기간 연장

법 개정에 따라 근로자가 미숙아를 출산한 경우에는 총 100일의 휴가를 부여(개정 전 90일)해야 한다. 사용자는 최초 60일에 대해서만 임금지급 의무를 부담하므로 미숙아 출산에 따라 추가로 부여되는 10일의 휴가에 대해서는 임금을 지급하지 않아도 무방하며, 근로자는 추가 부여된 10일에 대해 우선지원 대상기업 소속 여부와 관계없이 고용보험에 따라 출산휴가급여를 지원받게 된다.

6. 난임치료휴가

(1) 난임치료휴가 확대

근로자가 인공수정 등 난임치료를 받기 위하여 휴가를 청구하는 경우, 사용자는 **연간 6일의 난임치료휴가를 부여하되 그 중 2일은 유급으로 부여**해야 한다(개정 전 연간 3일, 그 중 1일 유급). 또한, 난임치료휴가 관련 비밀유지의무 규정의 신설에 따라 사용자는 난임치료휴가 신청 근로자의 의사에 반하여 난임치료휴가 업무 처리과정에서 알게 된 사실을 다른 사람에게 누설할 수 없다.[7)]

개정 법령은 법 시행 이전에 종전 규정에 따른 **난임치료휴가를**

7) 난임치료휴가 관련 비밀유지의무는 공포 즉시 시행(2024.10.22.)

사용했거나 사용 중인 근로자에게도 적용된다. 단, 법 시행 이전에 이미 2일 이상의 난임치료휴가를 사용한 경우에는 유급일수는 소급하여 적용되지 않는다.

참고 난임치료휴가 소급적용 예시

- 법 시행 전 휴가 1일(유급 1일) 사용
  - 연간 5일 추가 사용(이 중 1일은 유급으로 부여)
- 법 시행 전 휴가 3일(이 중 유급 1일) 사용
  - 연간 3일 추가 사용(모두 무급으로 부여)

(2) 난임치료휴가 지원급여 신설

법 개정에 따라 난임치료휴가 급여가 신설되어 우선지원대상기업 근로자는 최초 2일에 대하여 통상임금 100%에 해당하는 지원급여를 받을 수 있다. 급여 지원 시 배우자 출산휴가 급여, 출산휴가급여 등과 마찬가지로 상한의 제한이 있을 것으로 예상되지만, 아직까지 그 상·하한액을 정한 고용노동부 고시가 발표되지 않았으므로 추이를 지켜볼 필요가 있다.

7. 임신기 · 육아기 근로시간 단축 기간에 대한 연차 산정 방식 변경

법 개정에 따라 임신기 · 육아기 근로시간 단축기간은 연차휴가 산정을 위한 출근율 판단 시 출근한 것으로 간주된다. 단축된 근로시간에 비례하여 연차휴가를 부여하였던 기존과는 달리 단축된 기간도 정상 출근(40시간 근무)한 것으로 보아 정상적으로 연차를 부여해야 한다.

개정 법령은 **법 시행일 이후에 임신기 · 육아기 근로시간 단축을 시작한 경우 적용**되므로 종전 규정에 따라 법 시행일 이전부터 근로시간을 단축하여 근무하고 있는 근로자에 대해서는 종전 규정에 따라 단축된 근로시간에 대해 연차휴가를 비례하여 산정하면 된다. 만일 연차휴가 산정기간 내에 법 시행일을 전후하여 임신기 · 육아기 근로시간 단축을 나누어 사용함에 따라 정상적으로 연차를 부여해야 하는 기간과 단축된 근로시간에 비례하여 부여해야 하는 기간이 혼재되어 있는 경우에는 각 기간을 구분하여 연차휴가를 산정한다.

3 상습 체불 사업주에 대한 제재 강화(시행 : 2025.10.23.)

현행 근로기준법은 임금 등을 지급하지 않은 체불사업주에 대해서 명단 공개, 임금 등 체불자료의 제공, 형사처벌 등 체불사업주를 사후적으로 제재하는 조항을 두고 있다. 이에 고의·반복적으로 임금을 체불하는 사업주의 현행을 제재할 목적으로 체불사업주에 대한 현행의 제재를 강화하는 규정이 신설되었다.

1. 재직자에 대한 지연이자 지급의무 신설

현행 근로기준법은 사용자가 근로자의 사망 또는 퇴직 후 14일 이내에 임금, 퇴직금 등 모든 금품의 전부 또는 일부를 지급하지 않는 경우, 그 다음 날부터 지급하는 날까지의 지연 일수에 대해 연 20%의 지연이자를 지급하도록 정하고 있다.

근로기준법 개정에 따라 지연이자 지급 대상이 재직 중인 근로자에게로 확대된다. 이에 따라 사용자는 **사전에 정해진 임금지급일에 임금 등의 전부 또는 일부를 지급하지 않은 경우 임금 지급일의 다음 날부터 지급하는 날까지의 지연 일수에 대해 지연이자(현재 기준 연 20%)를 지급**해야 한다.

2. 상습 체불 사업자에 대한 제재 강화

개정 근로기준법은 상습 체불 사업주에 대한 신용제재, 정부지원 제한, 공공입찰 불이익 등 경제적 제재를 정하고 있다. 상습 체불 사업주란 ▲1년간 3개월 분 이상의 임금(퇴직금 제외)을 체불하거나, ▲1년간 5회 이상 임금을 체불하고 체불 총액이 3천만원 이상인 사업주를 의미한다.

구체적으로, 현행 근로기준법은 종합신용정보집중기관(한국신용정보원)이 요구할 경우 인적사항과 체불액 등에 관한 자료를 제공할 수 있는 대상 사업주의 범위를 3년 이내 임금을 체불하여 2회 이상 유죄가 확정된 자로서 1년 이내 체불 총액이 2천만원 이상인 사업주로 제한하고 있으나, 개정 근로기준법은 그 범위를 확대하여 임금 체불로 유죄 확정 판결을 받지 않았더라도 상습 체불 사업주에 해당하는 자에 대해서는 신용 제재가 가능하도록 규정하였다.

또한, 상습 체불 사업주는 국가나 자치단체, 공공기관에서 지원하는 보조·지원사업의 참여 배제나 수급이 제한될 수 있고, 상시 체불 사업주가 공공입찰 사업에 참여하고자 하는 경우에도 임금체불 여부가 반영되어 참여가 제한되거나 감점 등의 불이익이 발생될 수 있다.

3. 명단공개 사업주에 대한 제재 강화

개정 근로기준법에 따라 고용노동부장관은 법무부에 3년 이내 2회 이상의 유죄가 확정되고 1년 이내 3천만원 이상의 임금을 체불하여 명단공개 대상이 되는 사업주의 출국금지를 요청할 수 있다. 또한, 명단공개 사업주가 명단 공개 기간 중에 다시 임금을 체불하는 경우에는 반의사불벌죄 적용이 제외되어 근로자의 의사와 관계없이 형사처벌이 적용될 수 있다.[8)]

4. 손해배상제도 신설

사업주가 명백한 고의로 임금(퇴직금 제외)을 체불하거나, 1년 동안 3개월 이상 임금을 체불한 경우 또는 체불임금의 총액이 3개월 이상의 통상임금에 해당하는 경우에는 근로자가 사업주에 대해 미지급 임금의 3배 이내의 손해배상을 청구할 수 있는 규정이 신설되었다. 이 경우 법원은 임금 체불 기간과 경위, 횟수, 체불임금의 규모, 사업주의 노력, 지연이자 지급액, 사업주의 재산 상태 등을 종합적으로 고려하여 판단하게 된다.

---

8) 현행 근로기준법은 근로자가 원하는 경우 임금 체불 사업주에 대해 형사처벌을 하지 않도록 하는 반의사불벌죄 조항을 두고 있음

4 산업안전보건법 관련 법 개정사항

1. 산업재해근로자의 날 법정 기념일 지정(시행 : 2025.1.1.)

산업재해에 대한 경각심을 고취시키고 산업재해에 대한 국민의 이해를 증진시키기 위한 목적으로 세계 산재사망 노동자 추모의 날인 4월 28일을 산업재해근로자를 위한 법정기념일(산업재해근로자의 날)로 지정하는 내용을 정한 산업재해보상보험법이 개정되었다.

2. 건강장해 예방을 위한 보건조치 범위 확대(시행 : 2025.6.1.)

현행 산업안전보건법 제39조는 사업주에게 방사선, 분진, 단순반복작업 등으로 인해 발생할 수 있는 근로자의 건강장해를 예방하기 위하여 필요한 조치를 할 의무를 부과하고 있다. 개정 산업안전보건법은 보건조치 대상 범위를 확대하여 폭염・한파에 장시간 작업함에 따라 발생하는 건강장해를 보건조치 대상으로 추가하였다.

5 2025년 적용 4대보험료율

2025년 국민연금, 건강보험, 장기요양보험, 고용보험 요율은 2024년과 동일하다. 산재보험료율의 경우 매년 고용노동부장관이 고시하는 ‘사업종류별 산재보험료율에 따라 적용된다.

참고 2025년 4대보험료율

<table>
<tr><th colspan="2">구분</th><th>보험료율</th><th>사업주 부담</th><th>근로자 부담</th></tr>
<tr><td colspan="2">국민연금</td><td>9%</td><td>4.5%</td><td>4.5%</td></tr>
<tr><td colspan="2">건강보험</td><td>7.09%</td><td>3.545%</td><td>3.545%</td></tr>
<tr><td colspan="2">장기요양
보험료율</td><td>0.9182%
(건강보험료 대비
12.95%)</td><td>0.4591%</td><td>0.4591%</td></tr>
<tr><td rowspan="5">고
용
보
험</td><td>고용
보험료율</td><td>1.8%</td><td>0.9%</td><td>0.9%</td></tr>
<tr><td rowspan="4">고용안정·
직업능력
개발</td><td colspan="2">(150인 미만) 0.25%</td><td rowspan="4">-</td></tr>
<tr><td colspan="2">(150인 이상 우선지원대상기업) 0.45%</td></tr>
<tr><td colspan="2">(150인 이상 1000인 미만) 0.65%</td></tr>
<tr><td colspan="2">(1000인 이상) 0.85%</td></tr>
<tr><td colspan="2">산재보험</td><td colspan="3">(업종별로 상이하며, 2025년 사업종류별 산재보험료율
고시에 따름)</td></tr>
</table>

참고로 국민연금은 매년 7월을 기준으로 보험료가 변경되므로 내년 6월까지는 현재의 보험료율인 9%(사용자와 근로자 각각 4.5%)를 적용하면 된다. 그러나 2024.9.4. 심의·확정된 연금개혁 추진계

획에 비추어 볼 때 2025년 7월부로 국민연금 보험료율이 인상될 가능성이 높을 것으로 예상된다. 추진계획안에 따르면 보험료율을 현행 9%에서 13%로 인상하되 국민부담을 고려하여 단계적으로 인상하고 인상 폭은 세대별로 달리 적용될 것으로 보인다.

참고 2025년 7월 이후 적용 예상 국민연금 보험료율

구분	50대	40대	30대	20대
인상 속도(연간)	1%	0.5%	0.33%	0.25%
잔여 납입기간	10년	20년	30년	40년
13% 인상 기간	4년	8년	12년	16년
2025년 적용 예상 보험료율[9]	10%	9.5%	9.33%	9.25%

9) 사용자와 근로자가 각 50%씩 부담함

6 지원금 제도 개편(시행 : 2025.1.1.)

1. 청년일자리도약장려금

종전 청년일자리도약장려금은 취업애로청년을 채용한 기업에게만 지원되었으나, 지원 유형이 신설됨에 따라 빈일자리 업종의 기업이 청년을 정규직으로 신규 채용한 경우에도 지원된다.

참고 Ⅰ유형(기존 유형)

구분	변경 전	변경 후
적용 대상	취업애로청년을 정규직으로 채용한 5인 이상 우선지원대상기업 사업주	
지원 기간	2년	1년
사업주 지원	1,200만원 [1년차] 월 60만원씩 12개월 지원 [2년차] 480만원	720만원 (월 60만원씩 12개월)

참고 Ⅱ유형(신설)

구분	내용
적용 대상	◦ 청년[10]을 신규채용한 빈일자리 업종의 기업[11]
지원 기간	◦ 2년(사업주·근로자 각 1년)
사업주 지원	◦ 720만원(월 60만원씩 12개월)
청년 지원	◦ 18개월과 24개월차에 각각 240만원 지원

10) Ⅰ유형(기존유형)과 동일함

11) 제조업, 보건복지업, 농업, 식품제조업, 해운업, 수산업

2. 장애인 고용 지원 제도 개편

장애인 표준사업장[12)]을 지원대상으로 하는 도약지원형 지원금을 신설하여 무상지원금 한도가 상향된다. 장애인표준사업장 무상지원금(한도 10억)을 전액 지원받은 사업장 중 작업・생산・편의시설을 개선하고 장애인 추가 고용을 희망하는 경우에는 최대 5억원의 추가 지원을 받을 수 있다. 지원 대상 사업체 선정을 위한 모집공고는 2025년 초에 시행될 예정이다.

3. 직장어린이집 대상 인건비 추가지원 근거 마련

직장어린이집이란 사업주가 단독 또는 다른 사업주와 공동으로 설치・운영하는 직장어린이집을 의미한다. 시장・군수・구청장의 인가를 받고, 자격을 가진 직장어린이집의 원장과 보육교사를 운영하는 등의 요건을 모두 충족할 경우 운영비의 일부와 보육교사, 원장과 조리원에 대한 인건비의 일부를 지원받을 수 있다. 법 개정으로 긴급 돌봄수요 발생에 돌봄 보조인력을 사용하는 직장어린이집은 인건비 및 운영비를 추가 지원받을 수 있게 되었다.

---

12) 장애인 근로자를 다수 고용하면서 최저임금 이상의 임금을 지급하고, 장애인 편의시설을 갖추는 등 장애인 고용법에서 정한 요건을 모두 갖추고 한국장애인고용공단의 인증을 받은 사업장

2025년
정부의 주요 노동정책 및 기업 대응 방향

비상계엄 사태로 불거진 국정공백, 미국의 트럼프 2기 체제에서의 보호무역 강화, 고환율, 경기침체 장기화에 따라 회복되지 않는 소비심리 등 기업 경영과 노사관계의 불확실성이 더욱 가중되고 있는 상황이다. 이런 시기에 기업은 무엇보다 노사관계를 안정적으로 이끌어나갈 필요가 있다. 이를 위해 인사·노무담당자는 정부의 정책방향을 주시하고 우리 회사에 존재하는 법적 리스크 요인이 무엇인지, 이를 해결하기 위한 방안은 무엇인지를 면밀히 검토해 보아야 한다.

고용노동부는 2025.1.10. 2025년 주요업무 추진계획을 발표했다. ▲육아와 일을 병행할 수 있는 근로환경 조성, ▲임금체불 근절, ▲중장년층 일자리 확대 및 계속고용을 위한 사회적 대화, ▲안전관리 강화 등을 주요 핵심 추진과제로 선정하였다.

이와 함께 ▲2024.12.19. 대법원 전원합의체 판결을 통해 재직조건부 정기상여금 등이 통상임금에 포함되었고, ▲경영성과급이 퇴직금 산정을 위한 평균임금에 포함되는지 여부가 대법원 판단을 기다리고 있다. 재직조건부 정기상여금이 통상임금에 포함되면서 기업의 인건비 부담은 가중될 수밖에 없다. 이에 더해 경영성과급이 평균임금에 해당된다면 그 부담은 기하급수적으로 증가하게 될 것이 자명하다. 따라서 인사담당자는 임금체계를 살펴 리스크를 최소화하도록 하는 방안을 고민해야 한다.

1 육아지원 강화 및 임금체불에 대한 사업주 책임 확대

정부는 비정규직, 청년, 여성 등 노동시장에서 상대적 약자에 해당하는 계층에 대한 보호를 지속적으로 강조해 왔다. 그 중에서도 육아지원, 임금체불에 대한 사업주의 책임을 확대하는 내용의 법률이 개정되어 시행을 앞두고 있는 만큼 2025년의 주요 근로감독 영역에 해당할 것으로 예상된다. 따라서 인사담당자는 개정사항을 확인, 내부 규정에 반영하여 무심코 법을 위반하지 않도록 대비해야 한다.

1. 육아지원 개정법 반영

2025년 2월 23일부로 ▲육아휴직은 한부모 등 요건을 충족하는 경우 추가로 6개월을 사용할 수 있고, 3회에 걸쳐 분할 사용이 가능해진다. ▲육아기근로시간 단축의 대상자녀가 12세 또는 초등학교 6학년으로 확대되고, 육아휴직을 사용하지 않은 기간이 있다면 그 기간의 두 배를 가산한 기간을 더 사용할 수 있다. 즉, 최대 3년간 사용이 가능하다. 최소 사용단위기간은 1개월로 축소된다. ▲배우자출산휴가가 20일로 확대되고, 출산일로부터 120일 이내에 사용을 고지하기만 하면 쉴 수 있도록 변경된다. 3회에 한하여 분할

사용이 가능해진다. ▲임신기근로시간 단축 대상이 임신 12주 이내 36주 이후에서 임신 12주 이내 32주 이후로 변경되고, ▲출산전후휴가 부여 시 미숙아를 출산한 경우 100일을 부여하도록 했다. ▲난임치료휴가도 연간 3일(최초 1일 유급)에서 연간 6일(최초 2일 유급)로 확대하였다.

한편, 2024.10.22.부터는 ▲한편, 임신기 및 육아기 근로시간 단축 시 그 단축기간에 비례하여 연차휴가를 부여하던 것을 그 기간도 출근한 것으로 보아 정상적으로 연차휴가를 부여하도록 하는 개정근로기준법이 시행되었으므로, 2025년 연차휴가를 부여할 때에 유의할 필요가 있다.

간혹 개정법령을 취업규칙에 반영하지 않은 상황에서, 개정된 법을 적용해야 함에도 취업규칙을 기준으로 제도를 이행하는 경우가 있으므로, 개정 법 시행일인 2025.2.23. 전에는 취업규칙을 변경해두는 것이 좋다. 취업규칙을 작성 또는 변경하는 경우에는 근로자 과반수로 조직된 노동조합이 있는 경우에는 그 노동조합, 근로자의 과반수로 조직된 노동조합이 없는 경우에는 근로자 과반수의 의견을 들어야 하고, 취업규칙을 불리하게 변경하는 경우에는 그 동의를 받아야 하는데, 법령 개정사항만 반영하는 경우라면 불이익 변경에 해당하지 않으므로 근로자 과반의 동의를 받을 필요는 없다.

2. 임금체불에 대한 사업주 책임 확대에 유의

근로기준법에 따라 사용자는 근로자가 퇴직한 날로부터 14일 이내에 임금, 퇴직금 등을 지급해야 한다. 14일이라는 기간을 준수하지 못하면 그 다음날부터 지급하는 날까지 지연이자(대통령령으로 정하는 이율로써 2025년 현재 기준 연 20%)를 지급해야 한다.

이처럼 근로기준법은 퇴직 시 사용자의 금품청산 기한에 대하여만 지연이자를 지급하도록 정하고 있었는데, 2025.10.23.부터는 '월급날'에 임금을 지급하지 않은 경우에도 지연이자를 지급하도록 하는 개정 근로기준법이 시행된다. 즉, 퇴직자만이 아니라 재직자에 대하여도 임금체불이 이루어지지 않도록 법령이 강화된 것이다.

경제 및 경영환경의 불확실성이 지속되면 근로자의 생계가 더욱 불안정해질 수밖에 없다는 점에서, 고용노동부는 임금체불을 근절하기 위한 캠페인과 근로감독을 강화하겠다는 계획이다. 따라서 인사담당자는 '임금'에 해당하는 금품이 제대로 정산되고 있는지를 수시로 점검하여 나도 모르게 임금체불이 이루어지지 않도록 유의해야 한다. 특히, 연차수당, 연장·야간·휴일근로수당 등 휴가일과 근로시간의 관리가 이루어지지 않아 임금체불에 해당하는 사례가 빈번하게 발생할 수 있으므로 근태관리에 대한 시스템이 제대로 작동하고 있는지를 점검해볼 필요가 있다.

2 근로시간 축소 및 정년연장을 대비한 장기 로드맵 수립 필요

근로시간의 유연화에 대한 문제, 1주 근로시간을 축소하는 문제 등은 일·생활 균형을 통한 저출생·고령화에 대한 대안으로 끊임없이 제기되어오는 이슈에 해당한다. 정치권에서는 주4일제의 도입을 당선공약으로 내놓고 있으며, 일부 지자체 및 공공기관, 벤처기업 및 대기업을 중심으로 이미 주4일제 또는 주4.5일제를 시범적으로 시행하는 사례가 속속 등장하고 있다. 근로시간은 인건비와 연결된다는 점에서 어떻게 관리할 것인지를 당연히 고민해야 할 사항이며, 일종의 복지나 혜택으로써 인재를 유인할 수 있는 수단이 되므로 장기적 관점에서 근로시간 관리방안을 고민할 필요가 있다.

반면, 연구개발(R&D) 인력의 경우 법정근로시간(주52시간제)의 예외를 허용하는 규정을 둔 반도체특별법이 국회에 계류중이다. 노동부는 반도체특별법을 지원하며 대상 근로자들의 건강권을 보호하면서도 주단위 연장근로 관리단위를 다양화 하는 등에 대해 현장 노사 의견을 수렴하여 근로시간 제도개편의 여건을 마련한다고 밝혔다. 대상 업종에 해당한다면 이를 염두에 두어 근로시간 관리의 시나리오를 구상해볼 수 있다.

한편, 경제사회노동위원회에서는 인구구조 위기대응 전략으로 장년층의 계속고용문제를 제도적으로 해결하기 위하여 노사정간 대화를 수년째 이어오고 있다. 현재 고용노동부는 근로자 및 기업의 선택권을 확대하는 방향으로 계속고용 로드맵을 추진하겠다고 밝혔다. 당장 법 개정을 통해 정년을 확대하기보다는 정년 연장·정년 폐지·촉탁직 전환 등 노사간의 선택에 따라 고령자를 계속 고용하도록 하는 정책을 우선 고려하는 것이라 할 수 있다. 다만, 머지 않은 미래에는 기존의 정년이 법적으로 확대될 가능성이 매우 크다는 점에서, 기업은 정년 연장 법제화를 염두에 두고 직무, 임금체계 등을 어떤 방향으로 설계할 것인지를 장기적 로드맵을 수립하는 관점에서 고민해야 할 것이다.

단기간 내 법정 정년이 연장되지 않는다 하더라도, 우리 사회의 고령화 속도와 정부가 관련 정책을 참고하고 있는 일본의 사례를 보았을 때, 법정 정년이 연장되는 것은 그리 오래 걸리지는 않을 것으로 보인다. 정년연장에 대한 부담은 결국 인건비의 증가라는 점에서, 지금부터라도 장기적 관점에서 연공성을 완화하고, 직무와 성과를 반영한 임금체계로의 전환을 준비할 필요가 있다.

3 안전사고에 대한 예방, 대응체계 점검

무안공항에서 발생한 제주항공 사고 여파로 안전사고에 대한 사전 예방이 얼마나 중요한지를 새삼 깨달았을 것이다. 사고를 유발할 수 있는 위험요인에 대한 사전 점검이 제대로 이루어지고 해소되었다면 큰 사고를 예방했을 가능성이 높다는 의견도 존재한다.

정부는 현장 중심의 노사자율 안전보건체계를 확립하기 위하여 ▲사망사고 고위험업종에 대해 특화 컨설팅을 실시하고, 안전조치 이행 여부를 엄격히 관리, ▲건물관리업, 폐기물처리업, 음식 · 숙박업 등에 대한 위험성평가 표준모델 개발, ▲하청근로자 보호를 위한 원청의 역할을 명확화하겠다는 계획을 밝혔다.

이처럼 안전에 대한 국민적 관심과 정부의 관리가 강화되는 시점이므로 기업의 인사노무담당자 및 안전보건담당자는 산업안전보건법상 사업주의 의무를 이행하고 있는지를 자가진단하고, 부족한 부분을 이행하기 위한 계획을 수립하여 회사의 안전보건체계를 구축해 나갈 필요가 있다.

한편, 산업안전보건법 개정에 따라 6월 1일부터는 폭염에 의한 근로자 건강보호를 위해 사업주의 보건조치 의무가 시행된다. 냉방 · 통풍장치 설치, 작업시간 조정, 적절한 휴식 부여 등 필요한 조치를 이행하도록 하는 것이 주요 내용이다. 건설업의 경우 직접적으로 연관된다는 점에서 필요한 사항을 사전에 점검해야 한다.

4 임금체계의 개편 필요성 증가

1. 통상임금 전원합의체 판결

2024.12.19. 전원합의체 판결을 통해 재직자 조건 및 근무일수 조건이 부가된 수당도 통상임금에 포함되었다. 2024년 전원합의체는 2013년 이후 확립되어 온 '고정성' 요건을 폐기하고 "소정근로를 온전하게 제공하면 그 대가로서 정기적, 일률적으로 지급하도록 정해진 임금은 그에 부가된 조건의 존부나 성취 가능성과 관계없이 통상임금에 해당한다"고 재정의했다.

2013년 대법원 전원합의체 판결 이후 상여금, 수당에 재직 또는 근무일수 조건을 부가하여 통상임금에서 제외했던 기업들은 대상 판결로 인해 상여금 등을 전부 통상임금에 포함해야 하므로, 통상임금 상승 및 통상임금에 연동하는 임금(연장·야간·휴일근로수당, 연차수당 등) 증가에 따른 인건비 상승효과가 발생할 수밖에 없다. 이에 더해 퇴직 전 연장근로수당 등 초과근로수당이 증가하면 연쇄적으로 퇴직금이 상승하고 인건비 인상에 따라 4대보험료 등 간접인건비도 증가하게 된다.

변경된 통상임금은 2024.12.19. 임금계산부터 적용해야 한다. 인건비 인상의 부담으로 적용 시기를 늦추어 곧바로 적용하지 않는다면 연장근로수당 등 과소지급으로 인한 임금체불 리스크를 부담하게 된다. 특히, 2025.10.23.부터는 근로기준법 개정에 따라 재직자의 임금 정기지급일 이후에 임금을 지급하는 경우 지연이자까지 부담하므로 유의할 필요가 있다.

인사노무담당자는 회사에서 지급하는 임금항목별 통상임금 여부를 정확하게 판단하여 초과근로수당 등을 지급하는 것이 중요하다. 통상임금 해당 여부, 회사에서 통상임금을 기초로 산정하는 수당 등을 정확하게 판단해내지 못하면 이후에 진행할 임금인상 결정에서 정확한 판단을 내리는 것이 어렵기 때문이다.

이와 함께 연장·야간·휴일근로와 미사용연차수당의 발생을 최소화하기 위한 노력이 필요하고, 정기상여금의 지급률을 축소하거나 성과상여화하는 등의 임금체계를 개편하는 방안을 고민해야 한다. 이 과정에서 근로조건의 불이익 변경에 해당한다면 절차적으로 근로자과반(또는 과반수 노동조합)의 동의가 반드시 필요하므로 근로자와의 적극적인 소통을 위해 회사의 임금체계 개편이 성공적으로 이루어질 수 있도록 노력해야 한다.

2. 경영성과급의 임금해당성 여부 판결

2018년 대법원에서 공공기관의 경영평가성과급이 임금에 해당한다는 판결을 한 이후 사기업에서의 경영성과급을 퇴직금 등의 산정 기준이 되는 임금에 포함하여야 한다는 분쟁이 증가했고, 이에 대한 여러 건이 대법원에 계류되어 있다. 통상임금 전원합의체 판결에 이어 경영성과급도 임금에 해당한다는 판단이 나온다면 기업의 인건비 부담이 급격히 증가할 수밖에 없다는 점에서 그 결과를 예의주시할 필요가 있다.

현재 대법원에 계류중인 대표적인 사건은 ① SK하이닉스(2021다219994), ② 삼성전자(2021다248725), ③ 현대해상(2022다215715) 사건이 있다. SK하이닉스 사건은 1심과 2심에서 경영성과급은 임금이 아니라는 판단을 했다. 반면 삼성전자 사건은 동일한 사안에 대해 다른 판단이 나왔는데, 1차 사건은 1심과 2심 모두 경영성과급의 임금성을 부정했고, 2차 사건은 1심에서 경영성과급이 임금에 해당한다고 보았다. 현대해상 사건은 1심과 2심 모두 경영성과급에 대해 임금에 해당한다고 보았다.

다양한 사건에서 경영성과급이 임금에 해당하는지 여부를 각각 다른 기준을 제시하며 다르게 판단하는 경우도 있으나, 임금성 판단 기준의 핵심은 '근로의 대가'로 지급되었는지 여부다. 근로계약·취업규칙·단체협약 등으로 사용자에게 그 지급 의무가 지워져 있거나, 지급 대상, 지급조건 등이 사전에 확정되어 있다면 경영성과급은 임금에 해당한다는 것이 판결의 흐름이다.

기업에서는 경영성과급이 근로의 대가가 아니라 경영실적에 따라 그 지급 여부가 사후에 확정되고, 지급 대상과 지급 기준 역시 사후에 결정되어 구성원들에게 일시적이고 불확정적으로 지급되도록 함으로써 경영성과급의 임금성 판단 리스크를 대비할 수 있을 것으로 생각된다.

2025년
상반기 월별
노무 / 세무
주요 업무

구분	노무업무 주요내용	세무업무 주요내용
1월	◦ 연차수당 정산 ◦ 장애인 고용계획서 등 제출 ◦ 해당연도 최저임금 체크	◦ 원천세(반기납 포함) 신고납부 ◦ 종업원분 주민세 신고납부 ◦ 2023.4기 부가가치세 확정신고 납부 ◦ 기타소득 간이지급명세서 제출(인적용역) ◦ 근로소득 간이지급명세서 제출
2월	◦ 고용노동부 근로감독	◦ 2024년 귀속 부가가치세 면세사업자 사업장 현황신고 ◦ 지급명세서(이자·배당·기타소득) 제출
3월	◦ 고용·산재보험, 건강보험 보수총액 신고	◦ 근로·퇴직·사업·종교인소득 지급명세서 제출 ◦ 12월말 결산법인 법인세 신고납부
4월	◦ 고용형태 현황 공시 ◦ 근로계약서 및 연봉계약서 갱신	◦ 2025.1기 부가가치세 예정신고납부
5월	◦ 근로자의 날 노무관리 유의사항	◦ 2024년 귀속 종합소득세 확정신고 납부 ◦ 2024년 귀속 양도소득세 확정신고 납부 ◦ 주식(국외주식, 파생상품포함) 양도소득세 확정신고 납부
6월	◦ 연차휴가 사용 촉진계획 수립	◦ 원천세 반기별 납부 신청기한 ◦ 성실신고확인대상사업자 종합소득세 확정신고 납부

1월
노무 / 세무
주요 업무

- 연차수당 정산 **[노무]**
- 장애인 고용계획서 등 제출 **[노무]**
- 해당연도 최저임금 체크 **[노무]**

- 원천세(반기납 포함) 신고납부 **[세무]**
- 종업원분 주민세 신고납부 **[세무]**
- 2023.4기 부가가치세 확정신고 납부 **[세무]**
- 기타소득 간이지급명세서 제출(인적용역) **[세무]**
- 근로소득 간이지급명세서 제출 **[세무]**

1 연차수당 정산 [노무]

회계연도를 기준으로 연차휴가를 부여하는 회사는 직전연도에 발생한 연차휴가의 사용기간이 12월 31일부로 종료되므로 연차휴가 사용촉진제도를 운영하는 경우를 제외하고 미사용한 연차휴가에 대한 수당을 계산하여 1월 급여에 반영하는 경우가 많다. 인사담당자 입장에서 연차수당 계산은 매년 루틴한 업무로 그동안 특별히 노무 이슈가 발생할 일이 거의 없었을 것이다.

그러나 최근 2024.12.19. 전원합의체 판결을 통해 통상임금 개념이 재정립됨에 따라 연차수당 계산에 적용되는 통상임금이 변경되는 등 어떤 기준으로 연차수당을 계산해야 할지, 모성보호 제도 활용이 많아지면서 육아기 근로시간 단축기간 중 연차수당을 어떻게 계산해야 하는지 등이 고민될 수 있다. 이하에서는 연차수당 정산과 관련하여 시기, 기준이 되는 통상임금 적용기준 등에 대해 구체적으로 살펴보겠다.

1. 연차수당 정산의무

근로기준법 제60조에 따라 연차휴가는 발생한 날로부터 1년간 사용할 수 있으며, 계속근로기간이 1년 미만일 때 발생하는 휴가는 입사일로부터 1년간 사용하여야 한다. 근로자가 사용기한 내에 연차휴가를 사용하지 못한 경우, 연차휴가 사용청구권은 소멸하나(단, 사용자의 귀책사유로 사용하지 못한 경우는 제외), 미사용 연차휴가에 대한 수당청구권은 남아있으므로 미사용연차휴가를 정산해야 한다.

위 연차휴가 사용기간은 입사일 기준으로 산정하는 것이 원칙이나, 사업장에서 노무관리의 편의를 위하여 취업규칙 등으로 회계연도(1.1~12.31) 기준으로 일률적으로 정할 수 있으며[1] 회계연도 기준으로 할 경우 연차수당 정산 예시는 다음과 같다.

참고 연차수당 정산 예시

구분	연차수당 정산	
2023.7.1. 입사자	◦ 1년 미만 연차 : 2024.06.30.까지 사용 ◦ 1년 이상 연차 : 2024.12.31.까지 사용	◦ 2024년 7월 정산 ◦ 2025년 1월 정산

2. 연차수당 계산방법

(1) 연차수당 계산의 기초가 되는 임금

연차수당은 취업규칙이나 그 밖의 정하는 바에 의하여 평균임금 또는 통상임금을 지급하면 되나, 취업규칙 등에 별도로 정함이 없다면 통상임금을 기준으로 지급하면 된다. 이때 통상임금은 휴가

1) 근기 68207-620, 2003.05.23. 참조

청구권이 있는 마지막 달의 통상임금을 적용하므로 연차수당 지급 시점에 임금이 인상되더라도 연차수당은 전년도 연차휴가를 사용할 수 있는 12월 급여 기준으로 지급하면 된다.

최근 2024.12.19. 대법원 전원합의체 판결에 따라 고정성 요건이 폐기되어 소정근로를 온전하게 제공하면 그 대가로서 정기적, 일률적으로 지급하도록 정해진 임금은 그에 부가된 조건의 존부나 성취 가능성과 관계없이 통상임금에 해당한다. 즉, 2024.12.19. 이후부터 위 법리에 따라 변경된 통상임금이 적용되므로 논리적으로 본다면 변경 이후 통상임금을 기준으로 2024년 미사용 연차에 대한 수당을 계산하는 것이 맞다.[2)]

(2) 계산방법

연차수당은 '미사용 연차휴가 일수×1일 소정근로시간×통상임금'으로 계산하면 된다.

주 40시간 미만인 단시간 근로자의 경우 시간 단위로 연차휴가를 관리하므로 연차수당은 '미사용 연차휴가 시간수×통상임금'으

---

2) 근로개선정책과-3077, 2012.06.13. 참조
사용자가 근로자들에게 연차유급휴가미사용수당을 미리 지급하였더라도, 이후 임금 인상 등의 이유로 통상임금이 상승하여 연차유급휴가청구권이 소멸된 날의 다음날 기준으로 산정한 연차유급휴가미사용수당과 차액이 발생할 경우에는 그 차액만큼은 지급하여야 할 것임.

로 계산한다.

(3) 연차수당 소멸시효

소멸시효는 권리자가 권리를 행사할 수 있음에도 불구하고 일정기간 동안 권리를 행사하지 않은 경우 그 권리가 실효되는 제도를 의미한다. 연차수당의 소멸시효는 연차휴가 사용 청구권이 소멸한 때로부터 3년이다. 2024년도에 부여받은 연차휴가는 사용기간 만료 일 다음날인 2025.1.1.부터 2027.12.31.까지 소멸시효가 적용된다.

4. 연차수당 관련 FAQ

(1) 연차수당 정산을 하지 않을 수 있는 방법은 없나요?

연차휴가의 사용기간은 발생일로부터 1년이며, 연차휴가 사용기간이 소멸되면 사용자는 미사용 연차휴가에 대한 금전보상의무를 진다.

다만, 당사자간 합의 시 미사용 연차휴가에 대해 수당으로 정산하지 않고 이월하여 사용하도록 운영할 수 있다.[3] 근로자와 개별적으로 이월된 연차휴가일수, 이월 연차휴가 사용기간 등을 명확히하

3) 근로조건지도과-1046, 2009.02.20. 참조

여 동의를 받아야 한다.

(2) 연차휴가 사용촉진제도를 운영합니다. 그래도 연차수당을 지급해야 하나요?

적법하게 이뤄진 연차휴가 사용 촉진조치에 불구하고 근로자가 사용기간 내에 연차휴가를 사용하지 않았다면 사용자는 미사용한 연차휴가에 대한 수당 지급의무를 면제받게 된다.

따라서 연차휴가 사용촉진제도를 운영할 경우 미사용한 연차휴가에 대한 정산의무가 발생하지 않으나, 법적인 연차휴가 사용촉진 절차를 거치지 않거나 연차 사용 계획서상 연차휴가 사용일로 지정한 날 근무하고 사용자가 노무수령 거부를 하지 않은 경우에는 법적인 연차휴가 사용 촉진조치를 이행했다고 볼 수 없으므로 수당지급의무가 여전히 남아있게 된다. 이때 정산하지 않은 미사용 연차에 대해서는 임금체불 리스크가 있으므로 유의해야 한다.

(3) 초과 사용한 연차휴가가 있으면 어떻게 처리해야 하나요?

초과 사용한 연차는 다음연도에 발생하는 연차에서 차감해서 적용할 수 있다. 혹시 차감할 연차가 없다면 급여에서 공제해야 하는데 근로기준법 제43조 제1항의 전액지급원칙에 따라 근로자의 동의 없이는 불가능하므로 급여 공제 시 공제 금액, 시기 등을 명확히 하여 동의서를 받는 것이 바람직하다.

(4) 출산전후휴가, 육아휴직 중에도 연차수당을 정산해주어야 하나요?

출산전후휴가, 육아휴직 기간 중에도 출근으로 간주되어 정상 연차휴가가 발생한다. 따라서 출산전후휴가, 육아휴직 중인 자에 대해서도 연차휴가 사용기간이 종료한 다음 날부터 미사용 연차휴가를 정산해줄 의무가 있다. 참고로 해당 기간에 발생한 연차휴가를 사용할 수 없으므로 출산전후휴가 이전에 미리 선사용하거나 근로자의 동의를 받아 이월하여 육아휴직 복귀 후에 사용하게 할 수도 있다.

(5) 육아기 근로시간 단축으로 1일 4시간 근로합니다. 총 15개의 연차 중 10개를 사용한 경우 연차수당을 어떻게 계산하나요?

육아기 근로시간 단축 중 인사담당자들이 가장 많이 하는 실수가 통상 1일 8시간 근무 기준 연차휴가 사용시간과 1일 4시간 단축근무 기준 연차휴가 사용시간이 엄연히 다름에도 일수로 연차휴가를 차감하여 연차수당을 정산하는 것이다. 육아기 근로시간 단축기간 중 사용한 연차는 1일 4시간 기준으로 10개 사용한 것이므로 시간단위로 차감하여 연차수당을 정산해야 한다. 미사용 연차휴가는

'발생연차 120시간(15개×8시간)−사용 연차 40시간(10개×4시간) =80시간'으로 연차수당은 '80시간×통상시급'이 된다.

(6) 2025.2.15.에 퇴사할 경우 1월에 지급받은 연차수당이 퇴직급여에 포함되나요?

퇴직급여 제도에 따라 퇴직급여에 포함되는 연차수당의 범위가 상이하다.

퇴직금, 확정급여형(DB형) 퇴직연금은 평균임금을 기초로 퇴직급여를 산정하며, 평균임금은 산정사유 발생일, 즉 퇴사일 이전 3개월 동안 지급한 임금총액을 해당 기간의 일수로 나눈 금액을 의미하므로 근로자의 퇴직으로 인해 비로소 지급사유가 발생한 연차수당은 산입하지 않는다. 단, 전전년도 출근율에 의하여 퇴직 전년도에 발생한 연차휴가 중 사용하지 않아 지급한 금액으로 퇴직 전 1년간 지급한 연차수당의 3/12은 평균임금에 산입[4]되므로 2025. 2.15. 퇴사 시 1월에 지급받은 연차수당의 3/12은 퇴직급여에 포함된다.

한편, 확정기여형(DC형) 퇴직연금제도를 설정한 사용자는 연간 임금총액의 12분의 1 이상에 해당하는 부담금을 계정에 납입해야 한다. 매년 지급한 연차수당은 물론 퇴직 시 발생한 연차수당도

4) 근로개선정책과-4298, 2013.07.23. 참조

연간 임금총액에 포함되므로 1/12에 해당하는 금액을 부담금으로 납입해야 한다. 따라서 2025.1월에 정산받은 연차수당의 1/12도 퇴직급여에 포함된다.

(7) 1년 미만 근로에 대하여 발생하는 연차휴가를 이월하여 사용할 수 있도록 하는 경우 평균임금에 어떻게 산입해야 하나요?

앞서 설명한 바와 같이 퇴직금 산정을 위한 평균임금 산정 기준임금에 포함되는 연차수당은 퇴직하기 1년 전 지급받은 연차수당의 3/12에 해당하는 금액이다.

따라서 2024.7.1. 입사자의 경우 1년 미만의 근로에 대한 미사용 연차휴가는 2025.7월에 수당으로 정산하여야 하고 2025.7월 이후 1년간 퇴직하는 자의 평균임금에 3/12이 포함된다. 2025.7월에 수당으로 지급하지 않고 이월하여 사용하는 것으로 합의한 경우에도 1년 미만 연차수당은 2025.7월 이후 1년간 퇴직하는 자의 평균임금에 3/12이 포함되며 예컨대 해당 직원이 2025.8.1.에 퇴사하여 정산받은 5일의 1년 미만 연차수당은 퇴직금 산정을 위한 평균임금에 포함된다.[5]

---

5) 근로기준정책과-1020, 2023.03.28. 참조

2 장애인 고용계획서 등 제출 [노무]

장애인 고용의무제도에 따라 월평균 상시근로자를 50인 이상 고용하는 사업주는 소속 근로자 총수의 100분의 5 범위 안에서 대통령령으로 정하는 비율 이상에 해당하는 장애인 근로자를 의무적으로 고용하여야 하고 미준수 시 월평균 상시근로자를 100명 이상 고용하는 사업주를 대상으로 고용부담금을 부과한다.

이와 관련하여 1월 31일까지 상시근로자를 50인 이상 고용하는 사업주는 2025년 장애인 고용계획과 2024년도 장애인 고용상황 및 직장 내 인식개선 교육 실시 결과를 제출하여야 하고, 상시근로자를 100인 이상 고용하는 사업주는 2024년 장애인고용부담금을 신고하고 부담금을 납부하여야 한다.

1. 2025년 장애인 고용계획 및 2024년 실시상황 보고서

월평균 상시 50명 이상의 근로자를 고용하는 사업주는 장애인 고용촉진 및 직업재활법에 따라 근로자 총 수의 1천분의 31에 해당하는 장애인 근로자를 고용할 의무를 부담한다. 장애인 고용의무를 부담하는 사업주는 해당 연도의 장애인 고용에 관한 계획과 전년도 고용계획의 실시상황에 대한 보고서를 매년 1월 31일까지 제출하여야 한다.

신고서를 제출할 때에는 ▲장애인 근로자 명부 사본 1부, ▲장애인 또는 중증장애인임을 증명할 수 있는 서류 사본 1부(해당 근로자에 대하여 최초로 보고하는 경우에만 해당)를 첨부해야 한다.

2. 직장 내 장애인 인식개선 교육 결과보고서

월평균 상시 50명 이상의 근로자를 고용한 사업주는 고용노동부장관으로부터 요청받는 경우 ▲직장 내 장애인 인식개선 교육 실시 결과 보고서, ▲전년도 직장 내 장애인 인식개선 교육일지 사본 1부를 매년 1월 31일까지 제출하여야 한다. 보고서의 제출은 서면 또는 온라인으로 가능하다.

3. 2024년 장애인 고용부담금 신고 및 납부

장애인 고용의무가 있는 사업주 중 월평균 상시 100명 이상의 근로자를 고용한 사업주는 매년 1월 31일까지 장애인 고용부담금 산출에 필요한 사항이 포함된 신고서를 제출하고, 의무고용률에 미치지 못하는 장애인을 고용한 경우에는 그에 해당하는 부담금을 납부해야 한다.

고용부담금을 신고서를 제출할 때에는 ▲장애인 근로자 명부 사본 1부, ▲장애인 또는 중증장애인임을 증명할 수 있는 서류 사본 1부(해당 근로자에 대한 최초 신고 후에는 생략 가능), ▲장애인 근로자의 월별 임금대장 사본 1부, ▲원천징수이행상황신고서 또는 전체 근로자의 월별 임금대장 사본 1부를 첨부하여야 한다.

4. 장애인 의무고용 관련 FAQ

(1) 장애인 의무고용 대상

① 장애인 고용의무가 있는 사업주의 상시근로자수는 어떻게 판단하나요?

장애인 고용의무 등을 산정하기 위한 상시근로자 수 산정방법과 근로기준법상 상시근로자 수 산정방법이 다르므로 그 기준을 확인하여 산정해야 한다.

장애인 고용의무 등을 산정하기 위한 상시근로자 수에는 임금지급의 기초일수가 매월 16일 이상인 근로자가 포함된다. 여기서 근로자는 상용직, 계약직, 임시직, 일용직, 아르바이트 등 명칭과 무관하며, 외국인 근로자도 포함된다. 다만, 매월 정해진 소정근로시간이 60시간 미만인 근로자(중증장애인 예외), 대표자, 파견근로자는 제외된다.

이에 따라 산정한 월평균 상시근로자수가 50인 이상이면 장애인 고용의무가 있는 사업주에 해당한다.

② 저희 회사는 유급 병가제도를 운영하고 있습니다. 1달 병가를 간 직원도 상시근로자수에 포함되나요?

임금지급의 기초일수란 임금지급의 기초가 되는 날로서 법 기준 또는 소정근로일수와 법령, 취업규칙, 단체협약 등에 의하여 전 근로자에게 일률적으로 적용하는 유급휴일, 휴가일을 포함한다. 유급 병가제도를 운영하고 유급 병가를 포함한 해당 월 임금지급의 기초일수가 16일 이상이라면 해당 근로자는 월 상시근로자수에 포함된다.

③ 특정 월에 상시 근로자 수가 50명 미만인 경우 장애인 의무고용 사업장에 해당하나요?

고용의무 대상 여부는 월평균 상시 근로자 수를 기준으로 판단한다. 예컨대 월평균 상시 근로자 수가 50명 이상이라면 특정 월에 상시 근로자 수가 50명 미만이 되는 때가 있더라도 장애인 고용의무 대상 사업주에 해당한다.

이와 반대로, 월평균 50명 미만이라면 특정 월에 상시 근로자 수가 50명 이상이 된 경우가 있더라도 장애인 고용의무 대상 사업주에 해당하지 않는다.

(2) 장애인 고용계획 및 실시상황 보고

① 제출한 장애인 고용계획서대로 이행하지 않으면 어떻게 되나요?

제출된 보고서는 고용의무 이행지도에 활용되고, 장애인근로자 고용계획에 따른 이행을 위해 취업알선 등 고용서비스를 제공하기도 한다.

단, 장애인 고용의무 미이행 사업체인 경우 장애인고용계획이 한명도 없거나 형식적인 작성 등 장애인고용에 대한 노력이 현저히 미흡하다고 판단되는 경우에는 지방노동관서의 장은 그 계획의 변경을 명령할 수 있다.

② 장애인 고용계획서를 제출하지 않으면 과태료가 부과되나요?

장애인고용촉진 및 직업재활법 제86조에 따라 500만원 이하의 과태료가 부과된다.

③ 직장 내 장애인 인식개선 교육은 어떻게 해야 하나요?

사업주는 상시 근로자 수와 관계없이 장애인 인식 개선을 위한 교육을 실시해야 한다. 교육은 연 1회, 1시간 이상 실시해야 하며, 사업주 및 모든 근로자(기간제, 단시간근로자 포함)가 교육 대상에 포함된다.

만일, 출장, 휴가, 또는 업무로 인해 교육에 참여하지 못한 근로자가 있다면 추가로 교육을 진행해야 하며, 1개월 동안의 근로시간이 60시간 미만이거나 월 16일 미만으로 고용된 근로자, 휴직자, 비상근 임원은 교육대상에서 제외된다.

교육 시에는 ▲장애에 대한 이해와 장애가 가지는 차이에 대한 존중, ▲직장 내 장애인의 인권, 장애인에 대한 차별금지 및 정당한 편의 제공, ▲장애인고용촉진 및 직업재활과 관련된 법과 제도 및 ▲그 밖에 직장 내 인식개선에 필요한 사항에 관한 내용이 포함되어야 한다.

한편, 근로감독 시 법정의무교육 중 하나로 장애인 인식개선 교육 여부를 확인할 수 있으며, 직장 내 장애인 인식개선 교육 실시 관련 자료는 3년간 보관하여야 한다. 장애인 인식개선 교육을 실시하지 않거나 관련 자료를 3년간 보관하지 않는 경우에는 최대 300만 원 이하[6]의 과태료가 부과될 수 있다.

6) 1차 100만 원, 2차 200만 원, 3차 300만 원

(3) 장애인 고용부담금

① 사업장이 여러 곳에 있는 경우 사업장별로 각각 신고해야 하나요? 아니면, 사업장을 모두 합산해서 신고해야 하나요?

법인 사업체의 경우 법인단위로 신고하여야 하며, 법인 소속의 모든 사업장을 취합하여 법인의 본점 소재지(법인의 등기사항증명서 상의 또는 사업자등록증의 본사 소재지)를 관할하는 공단 지역본부·지사에 신고하고 납부하여야 한다.

② 두 개의 회사가 하나의 회사로 흡수합병된 경우 장애인 고용부담금을 어떻게 신고해야 하나요?

존속법인(A)은 흡수합병 이전 달까지는 존속법인(A) 및 흡수합병업체(B)의 부담금을 개별 신고납부하고 합병 이후 달에 대해서는 존속법인 부담금으로 신고하여야 한다.

단, 흡수합병업체(B)의 흡수합병 이전 월평균 상시근로자수가 100명 미만일 경우에는 부담금 신고·납부 대상에서 제외된다.

③ 장애인 고용부담금은 어떻게 산정하나요?

월별 장애인 고용부담금은 해당 월 고용의무 미달 인원에 고용의무 이행 수준에 따라 적용되는 부담기초액을 곱하여 산정하며, 부담금 납부 총액은 매월 부담금의 연간합계액이 된다. 여기서 장애인 의무고용인원은 월평균 상시 근로자 수에 1천 분의 31을 곱하여 산정한다(단, 소수점 이하 값은 버린다).

부담금 : ['월 미달고용인원×고용 의무 이행 수준별 부담기초액'의 연간 합계액]-[장려금의 연간 합계액]-[연계고용 부담금 감면 승인액]

고용의무 이행 수준은 [의무고용인원×비율]로 계산하고 산정된 인원에 소수점이 있는 경우 소수점 이하는 버림으로 계산한다. 예를 들어, 의무고용인원 11명의 1/2에 해당하는 인원=5명(11명×1/2=5.5명, 소수점 버림) 장애인을 5명 고용할 경우 의무고용인원의 1/2를 충족한 것으로 인정한다.

또한, 의무고용인원 2명으로 의무고용인원의 3/4와 의무고용인원의 1/2에 해당하는 인원이 1명으로 동일한 경우 사업주에게 유리하도록 장애인 1명 고용 시 3/4을 충족한 것으로 인정한다.

참고 고용 수준별 부담기초액 및 가산율

고용의무 이행 수준	부담기초액/월 (2024년 적용, 2025년 신고)
의무고용인원의 3/4 이상 고용한 경우	1,237,000원
의무고용인원의 1/2 이상 ~ 3/4 미만	1,311,220원
의무고용인원의 1/4 이상 ~ 1/2 미만	1,484,400원
의무고용인원의 1/4 미만	1,731,800원
장애인을 한 명도 고용하지 않는 경우	2,060,740원

④ 중증장애인을 고용하면 장애인고용 부담금을 감면받을 수 있나요?

중증장애인의 경우 임금지급의 기초일수 월 16일 이상이고, 소정근로시간이 월 60시간 이상이라면 장애인근로자수 산정 시 2배수가 적용된다.

예를 들어, 경증장애인 2명과 위 조건을 충족하는 중증장애인 1명을 고용했다면, 장애인 고용인원이 총 4명으로 계산되므로 장애인고용 부담금을 감면받을 수 있다.

예를 들어, 월평균 상시 근로자 수가 100명인 사업장은 매월 3명의 장애인 근로자를 고용하여야 한다. 해당 사업장에서 1년간 장애인 근로자를 중증장애인(임금지급의 기초일수 월 16일 이상, 월 60시간 이상 근무) 1명을 고용하였다면, '의무고용인원의 3/4 이상'에 해당되어 장애인 고용부담금은 14,844,000원(1,237,000×1명×12개월)이 된다.

⑤ 고용부담금을 분할 납부할 수 있나요?

사업주는 고용부담금을 일시납부, 또는 분할납부(4기 또는 6기)할 수 있으며, 일시납부 기한 내 모두 납부하는 경우 부담금액의 3%에 해당하는 금액을 공제받을 수 있다. 고용부담금 분할 납부대상은 해당연도 고용부담금이 100만원 이상인 경우에 한한다.

분할납부 기한 내 고용부담금을 납부하지 않는 경우 납부기한

익일부터 매 1개월마다 납부하여야 할 금액의 0.75%가 연체금으로 부과된다.

⑥ 고용부담금을 신고 기한 내 신고하지 못하면 어떻게 되나요?

고용부담금을 신고기한 내 신고하지 않은 경우 납부하여야 할 부담금액에 더하여 해당 금액의 10%를 가산금으로 부과한다. 단, 2025년 1월 31일까지 신고한 부담금이 실제 납부하여야 하는 부담금에 미치지 못한 경우 2월 말일 수정신고를 통해 그 차액을 추가로 납부할 수 있다. 이때 수정신고 기한 내 오류를 정정한 경우 가산금은 100분의 50으로 감면된다.

3 해당연도 최저임금 체크 [노무]

최저임금은 근로자의 생활안정과 노동력의 질적 향상을 위해 보장되는 임금의 최저수준을 의미하며, 매년 근로자의 연봉수준 검토와 함께 인상되는 최저임금을 고려하여 임금 수준이 낮은 근로자를 중심으로 최저임금 미달 여부를 검토하게 된다.

이때 인사담당자 입장에서 최저임금 인상에 따라 인건비 인상 등 고민해야 할 사안이 생기게 되므로 실무적으로 혼동을 불러일으키는 내용을 중심으로 최저임금 계산 시 유의해야 할 사항에 대해 살펴보고자 한다.

1. 2025년 최저임금 : 10,030원

1인 이상 근로자를 사용하는 모든 사업 또는 사업장에 적용되며, 사용근로자뿐만 아니라 임시직, 일용직, 시간제 근로자, 외국인 근로자 등 국적에 관계없이 근로기준법상 근로자라면 모두 적용된다.

최저임금은 근로자의 생계비, 유사 근로자의 임금, 노동생산성 및 소득분배율 등을 고려하여 결정된 수준 이상 지급이 강제되는 임금이며, 고용노동부장관은 매년 8월 5일까지 최저임금을 결정하여 최저임금을 고시하고 있다. 2025년 최저임금은 시급 10,030

원으로 주 40시간 근로, 월 209시간(주휴 포함) 기준 2,096,270원이다.

최저임금법 제6조 제3항에 따라 최저임금의 적용을 받는 근로자와 사용자 사이의 근로계약 중 최저임금액에 미치지 못하는 금액을 임금으로 정한 부분은 무효가 되며, 이 경우 무효가 된 부분은 법에서 정한 최저임금을 지급하기로 한 것으로 보아 최저임금을 지급해야 한다.

최저임금 위반 시 3년 이하의 징역 또는 2천만원 이하의 벌금이 부과될 수 있으므로 주의해야 한다.

2. 최저임금 위반 검토 가이드

최저임금 위반 여부는 근로자에게 지급하는 임금 총액에서 최저임금에 산입되는 항목과 최저임금에 산입되지 않는 항목을 가려낸 뒤, 최저임금에 산입되는 항목만을 대상으로 시간당 임금으로 환산하여 '최저임금 산입분÷최저임금 적용기간 시간 수'를 당해연도 최저임금과 비교하여 판단한다.

(1) 1단계 : 최저임금에 산입되는 임금항목 검토

참고 최저임금에 산입범위

최저임금에 산입하는 임금	최저임금에 산입하지 않는 임금
◦ 매월 1회 이상 정기적으로 지급하는 임금 ◦ 매월 1회 이상 지급되는 정기상여금 전액 ◦ 통화로 지급하는 복리후생비 전액 ◦ 생산고에 따른 영업수당	◦ 소정근로에 대하여 지급하는 임금 외의 임금(예 : 연장근로 수당 등) ◦ 통화 이외의 것(현물)으로 지급하는 임금

① 최저임금에 산입하는 임금

• 매월 1회 이상 정기적으로 지급하는 임금

매월 1회 이상 정기적으로 지급하는 근로기준법상 임금은 산입된다. 매월 1회 이상 지급되는 기본급, 직책수당, 직무수당 등은 최저임금에 산입되며, 매월 지급되더라도 근로기준법상 임금의 성질이 아닌 경우 최저임금 산입범위에 포함되지 않는다.

유류비 등 업무수행을 위하여 실제로 소요되는 경비상당액으로 지급받는 금품인 실비변상적 성질의 급여는 근로기준법상 임금에 해당하지 않으므로 최저임금에 산입되지 않는다.

• 매월 1회 이상 지급되는 정기상여금, 통화로 지급되는 복리후생비 전액

매월 1회 이상 정기적으로 지급되는 상여금과 현금성 복리후생비가 최저임금에 전부 산입되며, 여기서 매월 1회 이상 지급되는 상여금에는 ▲1개월을 초과하는 기간에 걸친 해당 사유에 따라 산정하는 상여금, 장려가급, 능률수당, 근속수당, ▲1개월을 초과하는 기간의 출근 성적에 따라 지급하는 정근수당이 포함된다.

• 생산고에 따른 임금지급제

최저임금법 시행령 제5조 제2항에 따르면 생산고에 따라 산정 지급되는 임금에 대하여는 총근로시간으로 나누어 시간당 임금으로 환산하도록 정하고 있다. 따라서 월간 판매실적에 따라 산정 지급되는 능률수당, 영업수당, 실적급 등은 위 규정에 따라 소정근로시간으로 나누어 시간당 임금으로 환산하고, 기본급 등 월단위로 정하여진 임금을 소정근로시간으로 나누어 환산한 시간당 임금과 합산하여 시간급 최저임금 미달여부를 판단하면 된다.

② 최저임금에 산입하지 않는 임금

• 소정근로에 대하여 지급하는 임금 외의 임금

▲연장근로 또는 휴일근로에 대한 임금 및 연장, 야간 또는 휴일 근로에 대한 가산임금, ▲연차휴가미사용수당, ▲약정 유급휴

일에 대한 수당은 소정근로 외의 임금으로 최저임금에 산입되지 않는다.

- 근로자의 생활 보조 또는 복리후생적 금품으로서 통화 이외로 지급되는 것

식비, 숙박비, 교통비 등 근로자의 생활 보조 또는 복리후생적 금품으로서 통화 이외의 것(현물)으로 지급하는 임금은 최저임금에 산입되지 않는다.

③ 수당 항목별 구체적인 검토

임금항목	주요 특징	최저임금 산입여부	비고
고정OT 수당	월 고정적으로 발생할 수 있는 연장, 야간, 휴일근로에 대한 수당	×	초과근로에 대한 대가이므로 최저임금에 산입되지 않음
비과세 수당	비과세 처리를 위해 기본급에서 구분한 식대, 차량유지비, 보육수당 등 비과세 수당	○	현금성 복리후생비로 전액 산입
직책 수당	직책자에 한하여 지급하는 수당	○	매월 정기적으로 지급하는 임금으로 산입
자격 수당	특정 자격증을 보유한 직원에게 지급하는 수당	○	매월 정기적으로 지급하는 임금으로 산입
경영 성과급	기업실적에 따라 일시적, 부정기적, 사용자 재량에 따른 상여금(경영성과분배금, 격려금, 인센티브)	×	임금에 해당하지 않으므로 최저임금에 산입되지 않음

개인 인센티브	개인 영업실적 등에 따라 지급되는 성과급	O	미리 정해진 지급조건과 지급률에 따라 총 근로에 대하여 정기적으로 지급되는 생산고에 따른 임금으로 산입
복지 포인트	자체 복지몰이나 특정 사이트에서 활용할 수 있도록 포인트로 지급되는 수당	×	임금에 해당하지 않으므로 최저임금에 산입되지 않음
자기 개발비	별도 요건 없이 정기적으로 모든 직원에게 정액 지급	O	매월 정기적으로 지급하는 임금으로 산입
	도서 구입비, 어학비 등 직원이 실제 지출한 비용을 청구하는 경우 지원	×	실비변상적 순수 복리후생비로 최저임금에 미산입

(2) 2단계 : 최저임금 적용기간 시간 수 계산

최저임금 적용기간 시간 수는 최저임금 산입분을 시간당 임금으로 환산하기 위해 나누는 기준 시간 수를 의미한다.

참고 최저임금 적용기간 시간 수

구분	적용 시간 수
1일 단위로 정해진 임금	1일의 소정근로시간 수
1주 단위로 정해진 임금	1주 동안의 소정근로시간 수+주휴시간 수(1주 동안의 소정근로시간 수÷40시간×8시간)
월 단위로 정해진 임금	{1주 동안의 소정근로시간 수+주휴시간 수(1주 동안의 소정근로시간 수÷40시간×8시간)}×(365일÷7일÷12월)

(3) 3단계 : 최저임금 미달 여부 검토

최저임금에 산입되는 임금을 최저임금 적용기간 시간 수로 나누어 2025년 최저임금인 10,030원과 비교하여 미달 여부를 검토하면 된다. 2025년 최저임금 미달인 직원에 대해서는 2025.1.1.자로 즉시 최저임금 이상의 임금으로 조정하여야 한다.

3. 최저임금 관련 FAQ

(1) 주휴수당 포함 2025년 최저 시급 및 일당은 어떻게 되나요?

주휴수당을 포함하여 시급 및 일당을 정하는 경우, 2025년 기준 시급은 12,036원(기본시급 10,030원, 주휴시급 2,006원), 일당(8시간 기준)은 96,288원(기본일당 80,240원, 주휴일당 16,048원)이다. 주휴수당이 포함된 시급 및 일당으로 정하는 경우 근로계약서에 기본금액과 주휴수당을 구분하여 명시하고 연장근로 등 계산 시 기본일당 또는 기본시급으로 계산됨을 명시하는 것이 바람직하다.

참고 근로계약서 작성 예시

구분	내용	
시급	시급	12,036원 * 시급을 기준으로 월 임금을 산정하며, 위 시급은 기본급, 주휴수당이 포함된 포괄시급으로 한다. * 연장, 야간, 휴일근로수당 등 계산 시 기본시급을 기준으로 한다.

<table>
<tr><td rowspan="2"></td><td rowspan="2">포괄
산정내역</td><td>기본시급</td><td>10,030원</td></tr>
<tr><td>주휴시급</td><td>2,006원</td></tr>
<tr><td rowspan="3">일당</td><td>일당</td><td colspan="2">96,288원
* 일당을 기준으로 월 임금을 산정하며, 위 시급은 기본급, 주휴수당이 포함된 포괄일당으로 한다.
* 연장, 야간, 휴일근로수당 등 계산 시 기본일당을 기준으로 한다.</td></tr>
<tr><td rowspan="2">포괄
산정내역</td><td>기본급</td><td>(8시간) 80,240원</td></tr>
<tr><td>주휴수당</td><td>(1.6시간) 16,048원</td></tr>
</table>

(2) 우리회사는 영업사원에게 기본급 100만원과 매출에 따른 실적급을 지급하는데, 최저임금에 문제는 없나요?

최저임금법 시행령 제5조 제2항에서는 생산고에 따른 임금지급제로 정해진 임금은 그 임금산정기간의 임금총액을 그 임금 산정기간 동안의 총근로시간 수로 나눈 금액을 최저임금에 산입하는 시간급 임금으로 판단한다고 규정하고 있다. 즉, 매월 영업실적에 따라 지급받는 수당(영업수당 또는 실적급)은 최저임금에 산입된다.

예컨대 영업사원에 대해 기본급은 최소한의 금액(예 : 월 100만원)으로 책정하고, 영업실적에 따라 영업수당을 추가로 지급하는 것으로 근로계약을 체결한 경우, 해당 월에 지급받은 영업수당 총액과 기본급을 합산한 금액을 기준으로 최저임금 미달여부를 판단한다.

즉, 2025년 기준으로 영업수당이나 실적급 금액이 1,096,270

원 이상이라면 기본급 100만원과 합산한 금액이 최저임금 이상이므로, 최저임금 위반에 해당하지 않게 된다. 그러나 기본급 자체가 최저임금에 미달하는 상태에서 특정 월에 영업수당이 지급액이 전무하다면 최저임금에 미달하는 결과를 초래하는 바, 기본급 인상 또는 일정액 이상의 영업수당 보장 등의 방안으로 보완은 필요하다.

(3) 고정OT제도로 월 52시간의 연장근로수당을 포함하여 월 283만원 지급하고 있습니다. 2025년 최저임금에 미달되나요?

참고 현 임금 구성항목

기본급(209H)	2,060,871원
연장근로수당(52H)	769,129원
합계	2,830,000원

월 급여는 2025년 월 최저임금(209시간) 2,096,270원 이상이나 연장근로수당은 소정근로 외 임금으로 최저임금에 산입되지 않으므로 최저임금 미달 여부를 검토해보면, '기본급 2,060,871원÷209시간=9,861원'으로 2025년 최저임금에 미달된다.

현 임금 구성항목을 유지할 경우 아래와 임금 수준 이상으로 임금 인상이 필요하다.

참고 2025년 기준 최저임금

기본급(209H)	2,096,270원
연장근로수당(52H)	782,340원
합계	2,878,610원

(4) 매년 2월에 연봉을 인상하고, 매년 1월 1일로 소급 적용하고 있습니다. 소급 적용하면 1월 급여가 최저임금에 미달되더라도 문제 없나요?

임금인상 시점을 반드시 2025년도 1월 1일로 해야 하는 것은 아니지만, 2025년도 최저시급은 1월 1일부터 적용되고 최저임금 위반 여부는 임금의 지급 시점을 기준으로 판단한다. 따라서 2025년 1월 1일 이후 임금인상, 임금교섭 등이 마무리 되어 뒤늦게 소급 적용을 하는 경우에도 1월 지급 임금을 기준으로 최저임금에 미달할 경우 최저임금법 위반이 된다. 최소한 1월 임금 지급 이전에 2025년 기준 최저임금에 미달하는 임금을 적용받고 있는 자가 있는지를 검토하고 해당자에게는 1월 기준으로 선제적 임금인상을 하는 것이 바람직하다.

(5) 수습기간 중에는 최저임금에 미달한 급여를 책정할 수 있나요?

최저임금법 시행령 제3조에 따라 1년 이상의 기간을 정하여 근로계약을 체결하고 수습 중에 있는 근로자로 수습을 시작한 날부터 3개월 이내인 사람에 대해서는 최저임금의 90%를 지급할 수 있다.

다만, 건설 및 광업 종사자, 배달 라이더나 택배원, 패스트푸트 준비원, 주유원, 아파트 경비원 등 단순노무업무로 고용노동부장관이 정하여 고시한 직종한 근로자에 대해서는 수습기간 중 최저임금

감액이 적용되지 않으므로 유의해야 한다.

(6) 최저임금과 통상임금은 다른 건가요?

최저임금은 매월 1회 이상 정기적으로 지급하는 임금을, 통상임금은 근로자에게 정기적이고 일률적으로 소정근로 또는 총 근로에 대하여 지급하기로 정한 임금을 의미한다. 소정근로에 대해 정기적으로 지급한다는 점에서 사실상 최저임금과 통상임금은 산입범위가 거의 유사하나, 소정근로와 무관한 조건을 이유로 지급되는 수당은 통상임금에 포함되지 않는다는 점에서 큰 차이가 있다.

예컨대 업무실적 달성을 전제로 지급되는 실적급이 최저임금에는 산입되지만, 단순히 소정근로를 제공하였다고 지급되는 것이 아니라 일정한 업무성과를 달성하거나 그에 대한 평가결과가 어떠한 기준에 이르러야 지급되므로 소정근로 대가성을 갖추었다고 보기 어려워 통상임금에는 해당하지 않는다.

(7) 사업주에게 최저임금 고시의무가 있나요?

사용자는 최저임금액, 최저임금에 산입 하지 않는 임금(숙박비, 식비, 교통비 등 직원의 생활보조 및 복리후생을 위한 성질의 임금), 적용 제외 근로자의 범위, 효력 발생일 등을 그 사업장의 근로자가 쉽게 찾아볼 수 있는 장소 및 웹페이지에 게시하거나 그 외의 적당한 방법으로 근로자에게 널리 알려야 할 최저임금 주지의무를 갖는다. 사업장에서 이를 놓치기 쉬운데, 노동부 근로감독 시에도 이를 점검하므로 사내 게시판 또는 내부 포털에 최저임금을 공지하는 것이 필요하다.

4 세무관리 주요 업무

1. 2025년 달라지는 세법 주요 내용

구분	종전	개정	시행일
국외근로소득 비과세 대상 확대	◦ 공무원, 재외공관 행정직원 등 〈추가〉	◦ (좌동) ◦ 중소벤처기업진흥공단	2025.1.1 이후 소득분
종업원 할인혜택 근로소득 비과세	〈신설〉	◦ 대상 : 자사 및 계열사의 종업원 ◦ 대상금액 : 종업원등이 자사·계열사의 재화 또는 용역을 시가보다 할인하여 공급받는 경우 할인 받은 금액 ◦ 비과세금액 : Max(시가의 20%, 연 240만원) ◦ 비과세요건 : 일정기간* 동안 재판매 금지 * (자동차·대형가전·고가재화 등) 2년(그 외 재화) 1년	2025.1.1 이후 소득분
종업원 할인금액 수익의 범위 명확화	〈신설〉	◦ 법인의 임직원에 대한 재화·용역 등 할인금액	2025.1.1 이후 판매·제공분
종업원 할인금액 손비의 범위 명확화	〈신설〉	◦ 법인의 임직원에 대한 재화·용역 등 할인금액 ◦ 법인이 계열회사에 지급하는 할인금액 상당액	2025.1.1 이후 판매·제공분
기업의 출산 관련 지원금 비과세	〈신설〉	◦ 적용대상 ① 근로자 또는 배우자의 출산관련 ② 출생일 이후 2년 이내 (최대2회) ③ 공통 지급규정에 따라 사용자로부터 지급받는 급여	2025.1.1 이후 연말정산분

<table>
<tr>
<td></td>
<td></td>
<td>◦ 한도 : 전액 비과세(한도 없음)
◦ 제외 : 해당 법인의 지배주주 등
* 출산지원금을 3차례 이상 지급받는 경우 : 최초 지급분과 그 다음 지급분까지만 비과세
* 이직하여 출산지원금을 받는 경우 : 사용자별로 최대2회 지급횟수 적용</td>
<td></td>
</tr>
<tr>
<td>성과공유제 중소기업의 경영성과급 세액공제 적용기한 연장 및 공제율 인하</td>
<td>① 경영성과급을 지급한 중소기업에 대한 법인세 세액공제
- 공제율 : 15%
- 적용기한 : 2024.12.31
② 경영성과급을 지급받은 근로자에 대한 소득세 감면
- 감면율 : 소득세 50% 상당 감면
- 적용기한 : 2024.12.31</td>
<td>① 경영성과급을 지급한 중소기업에 대한 법인세 세액공제
- 공제율 : 10%
- 적용기한 : 2027.12.31
(좌동)

◦ 적용기한 : 2027.12.31</td>
<td>2025.1.1 이후 개시 사업연도</td>
</tr>
<tr>
<td>노란우산공제 세제지원 강화</td>
<td>◦ 적용대상
① 개인사업자
② 총급여 7천만원 이하 법인 대표자
◦ 공제한도
<table>
<tr><th>사업(근로)소득금액</th><th>공제한도</th></tr>
<tr><td>4천만원 이하</td><td>500만원</td></tr>
<tr><td>4천만원~1억원</td><td>300만원</td></tr>
<tr><td>1억원 초과</td><td>200만원</td></tr>
</table>
</td>
<td>◦ 적용대상
① 개인사업자
② 총급여 8천만원 이하 법인 대표자
◦ 공제한도
<table>
<tr><th>사업(근로)소득금액</th><th>공제한도</th></tr>
<tr><td>4천만원 이하</td><td>600만원</td></tr>
<tr><td>4천만원~1억원</td><td>400만원</td></tr>
<tr><td>1억원 초과</td><td>200만원</td></tr>
</table>
</td>
<td>2025.1.1 이후 납입분</td>
</tr>
<tr>
<td>통합투자세액공제 점감구조 도입 및 증가분 공제율 상향</td>
<td>
<table>
<tr><th rowspan="2">%</th><th colspan="3">당기분</th><th rowspan="2">증가분</th></tr>
<tr><th>대</th><th>중견</th><th>중소</th></tr>
<tr><td>일반</td><td>1</td><td>5</td><td>10</td><td rowspan="2">3</td></tr>
<tr><td>신성장 · 원천기술</td><td>3</td><td>6</td><td>12</td></tr>
<tr><td>국가전략</td><td colspan="2">15</td><td>25</td><td>4</td></tr>
</table>
</td>
<td>
<table>
<tr><th rowspan="2">%</th><th colspan="3">당기분</th><th rowspan="2">증가분</th></tr>
<tr><th>대</th><th>중견</th><th>중소</th></tr>
<tr><td>일반</td><td>1</td><td>5,7.5*</td><td>10</td><td rowspan="3">10</td></tr>
<tr><td>신성장 · 원천기술</td><td>3</td><td>6,9*</td><td>12</td></tr>
<tr><td>국가전략</td><td colspan="2">15,20</td><td>25</td></tr>
</table>
*(~3년)7.5%,(4년~)5%
*(~3년)9%,(4년~)6%
*(~3년)20%,(4년~)15%
</td>
<td>2025.1.1 이후 투자분</td>
</tr>
</table>

조세특례제한법상 중소기업 제외업종 등 추가	〈추가〉	◦ 부동산임대업 ◦ 성실신고확인대상 소규모 법인* * ①~③ 요건을 모두 갖춘 법인 ① 지배주주 등 지분율 50% 초과 ② 부동산임대업이 주된 사업이거나 부동산임대·이자·배당 소득이 매출액의 50% 이상 ③ 상시근로자 수가 5인 미만	2025.1.1 이후 개시 사업연도
R&D 세액공제 대상 비용 범위 확대	◦ 인건비 – 국가전략기술, 신성장·원천기술과 일반 R&D를 공동으로 수행하는 경우 일반 R&D 공제율 적용 〈추가〉	◦ 인건비 – 주된 시간을 국가전략기술, 신성장·원천기술 R&D에 투입한 경우 투입시간만큼 안분 적용 ◦ 클라우드 이용료	2025.1.1 이후 신고분
중소기업 졸업유예기간 관련 조문 정비	◦ 규모기준 초과로 졸업 : 3년간 유예	◦ 규모기준 초과로 졸업 : 5년간 유예(코스피·코스닥 상장기업은 7년간 유예)	2025.1.1 이후 신고분
통합고용세액공제 신청서류 추가	◦ 세액공제신청서, 공제세액계산서 〈추가〉	◦ 세액공제신청서, 공제세액계산서 ◦ 상시근로자 명세서	2025.1.1 이후 과세연도

• 1월

일자	세무일정	비고
10일	◦ 원천세(반기납 포함) 신고납부 ◦ 종업원분 주민세 신고납부 ◦ 취업 후 학자금 상환(ICL) 원천공제 신고납부	◦ 2024.12월분 (2024.하반기분) ◦ 2024.12월분 ◦ 2023.12월분
25일	◦ 2023.4기 부가가치세 확정신고 납부	◦ 2024.하반기분
31일	◦ 일용근로소득지급명세서 제출 ◦ 사업소득 간이지급명세서 제출(거주자) ◦ 기타소득 간이지급명세서 제출(인적용역) ◦ 용역제공자에 관한 과세자료 제출 ◦ 근로소득 간이지급명세서 제출	◦ 2024.12월 지급분 ◦ 2024.12월 지급분 ◦ 2024.12월 지급분 ◦ 2024.12월 지급분 ◦ 2024.하반기분

• 2월

일자	세무일정	비고
10일	◦ 2024년 귀속 부가가치세 면세사업자 사업장 현황신고 ◦ 원천세 신고납부 ◦ 종업원분 주민세 신고납부 ◦ 취업 후 학자금 상환(ICL) 원천공제 신고납부	◦ 2024년 귀속분 ◦ 2025.1월분 ◦ 2025.1월분 ◦ 2025.1월분
28일	◦ 일용근로소득지급명세서 제출 ◦ 사업소득 간이지급명세서 제출(거주자) ◦ 기타소득 간이지급명세서 제출(인적용역) ◦ 용역제공자에 관한 과세자료 제출 ◦ 지급명세서(이자 · 배당 · 기타소득) 제출	◦ 2025.1월 지급분 ◦ 2025.1월 지급분 ◦ 2025.1월 지급분 ◦ 2025.1월 지급분 ◦ 2024년 귀속분

• 3월

일자	세무일정	비고
10일	◦ 원천세 신고납부(반기별 납부자 포함) ◦ 종업원분 주민세 신고납부 ◦ 취업 후 학자금 상환(ICL) 원천공제 신고납부 ◦ 근로·퇴직·사업·종교인소득 지급명세서 제출	◦ 2025.2월분, 2024.연말정산분 ◦ 2025.2월분 ◦ 2025.2월분 ◦ 2024년 귀속분
15일	◦ 하반기분 근로장려금 신청기한	
31일	◦ 일용근로소득지급명세서 제출 ◦ 사업소득 간이지급명세서 제출(거주자) ◦ 기타소득 간이지급명세서 제출(인적용역) ◦ 용역제공자에 관한 과세자료 제출 ◦ 12월말 결산법인 법인세 신고납부	◦ 2025.2월 지급분 ◦ 2025.2월 지급분 ◦ 2025.2월 지급분 ◦ 2025.2월 지급분 ◦ 2024년 귀속분

• 4월

일자	세무일정	비고
10일	◦ 원천세 신고납부 ◦ 종업원분 주민세 신고납부 ◦ 취업 후 학자금 상환(ICL) 원천공제 신고납부	◦ 2025.3월분 ◦ 2025.3월분 ◦ 2025.3월분
25일	◦ 2025.1기 부가가치세 예정신고 납부	◦ 2025.1분기분
30일	◦ 일용근로소득지급명세서 제출 ◦ 사업소득 간이지급명세서 제출(거주자) ◦ 기타소득 간이지급명세서 제출(인적용역) ◦ 용역제공자에 관한 과세자료 제출	◦ 2025.3월 지급분 ◦ 2025.3월 지급분 ◦ 2025.3월 지급분 ◦ 2025.3월 지급분

• 5월

일자	세무일정	비고
10일	◦ 원천세 신고납부 ◦ 종업원분 주민세 신고납부 ◦ 취업 후 학자금 상환(ICL) 원천공제 신고납부	◦ 2025.4월분 ◦ 2025.4월분 ◦ 2025.4월분
31일	◦ 일용근로소득지급명세서 제출 ◦ 사업소득 간이지급명세서 제출(거주자) ◦ 기타소득 간이지급명세서 제출(인적용역) ◦ 용역제공자에 관한 과세자료 제출 ◦ 2024년 귀속 종합소득세 확정신고 납부 ◦ 2024년 귀속 양도소득세 확정신고 납부 ◦ 주식(국외주식,파생상품포함) 양도소득세 확정신고 납부 ◦ 정기분 근로·자녀장려금 신청기한	◦ 2025.4월 지급분 ◦ 2025.4월 지급분 ◦ 2025.4월 지급분 ◦ 2025.4월 지급분 ◦ 2024년 귀속분 ◦ 2024년 귀속분 ◦ 2024년 귀속분 ◦ 2024년 정기분

• 6월

일자	세무일정	비고
10일	◦ 원천세 신고납부 ◦ 종업원분 주민세 신고납부 ◦ 취업 후 학자금 상환(ICL) 원천공제 신고납부	◦ 2025.5월분 ◦ 2025.5월분 ◦ 2025.5월분
30일	◦ 일용근로소득지급명세서 제출 ◦ 사업소득 간이지급명세서 제출(거주자) ◦ 기타소득 간이지급명세서 제출(인적용역) ◦ 용역제공자에 관한 과세자료 제출 ◦ 원천세 반기별 납부 신청기한 ◦ 성실신고확인대상사업자 종합소득세 확정신고 납부 ◦ 해외금융계좌 신고	◦ 2025.5월 지급분 ◦ 2025.5월 지급분 ◦ 2025.5월 지급분 ◦ 2025.5월 지급분 ◦ 2024년 귀속분 ◦ 2024년도분

※ 세법에서 규정하는 신고·납부·제출·신청 기한이 토요일 및 일요일, 「공휴일에 관한 법률」에 따른 공휴일 및 대체공휴일 또는 「근로자의 날 제정에 관한 법률」에 따른 근로자의 날인 경우, 그 다음날을 기한으로 한다.

1월 노무·세무

2. 원천세(반기납 포함) 신고납부(10일)

(1) 주요내용

원천세 신고는 원천징수 대상소득을 지급하는 원천징수의무자가 소득자로부터 세금을 미리 징수하여 국가에 납부하는 제도를 말한다.

원천징수의무자가 원천징수대상 소득금액 또는 수입금액을 지급하는 때에 다음의 소득구분별 원천징수세율을 적용하여 원천징수를 해야 한다.

원천징수대상 소득	원천징수세율(지방소득세 포함)
① 이자·배당소득	◦ 지급액의 15.4%(비영업대금의 이익 27.5%)
② 원천징수대상 사업소득	◦ 지급액의 3.3%
③ 근로소득	◦ 월 지급액에 간이세액표 적용
④ 기타소득	◦ 지급액의 22%
⑤ 퇴직소득	◦ 퇴직소득세 결정세액

원천징수한 세금은 그 징수일이 속하는 달의 다음 달 10일까지 원천징수의무자의 관할 세무서에 신고·납부해야 하며, 반기별 납부 대상 원천징수의무자의 경우 반기의 마지막 달의 다음 달 10일까지 신고·납부할 수 있다.

(2) 세무관리 유의사항

기타소득금액은 건별로 5만원 이하인 경우 원천징수가 제외되며, 소득구분을 불문하고 원천징수세액이 1천원 미만인 경우 원천징수를 하지 않으나 거주자에게 지급되는 이자소득의 경우 원천징수세액이 1천원 미만이더라도 원천징수를 하여야 함에 유의해야 한다.

퇴직소득의 경우, DB형 퇴직연금 가입 사업장이거나 퇴직금을 IRP계좌로 지급하여 과세이연이 되는 경우라도 총지급액은 원천징수이행상황신고서에 기재하여 신고해야 한다.(#별첨 7)

원천세를 기한 내에 납부하지 않거나 과소 납부하는 경우, 미납·과소납부 금액의 3%의 가산세와 기한 경과 후 1일마다 0.022%의 가산세가 추가로 부과되므로 기한 내에 납부하는 것이 무엇보다 중요하다고 할 것이다.

3. 종업원분 주민세 신고납부(10일)

(1) 주요내용

종업원분 주민세는 해당 월을 포함하여 최근 12개월간 급여총액을 해당 개월 수로 나눈 월평균금액이 1억5천만원을 초과하는 경우, 해당 월에 지급한 급여총액을 과세표준으로 하여 1천분의 5의 세율을 적용한 산출세액을 신고·납부하는 제도를 말한다.

급여총액은 정기급여의 총액과 상여금, 특별수당 등 비정기적 급여의 총액을 합하여 산정하며, 「소득세법」 제12조 제3호에 따른 비과세 대상 급여 등은 제외한다.

(2) 세무관리 유의사항

「중소기업기본법」 제2조에 따른 중소기업은 다음의 어느 하나에 해당할 경우 「지방세법」 제84조의 5에 따른 중소기업 고용지원을 받을 수 있으므로 꼭 확인하여야 한다.(#별첨 8)

구분	종업원분의 과세표준에서 공제되는 금액
① 50명 초과기업의 추가 고용	(해당 월의 종업원 수–직전 연도의 월평균 종업원 수*)×월 적용급여액 * 직전 연도의 월평균 종업원 수가 50명 이하인 경우 50명으로 간주
② 사업소 신설로 최초 50명 초과된 사업소	50명에 해당하는 월 적용급여액* * 최초로 신고하여야 하는 달부터 1년 동안만 적용
③ 5년 내 종업원 수 50명 초과사실 없는 기업	50명에 해당하는 월 적용급여액* * 해당 월의 종업원분을 신고하여야 하는 달부터 1년 동안만 적용

여기서 종업원 수는 상시고용하는 종업원 수에 수시고용하는 종업원의 월 연인원을 해당 월의 일수로 나눈 평균 인원수를 합하여 계산하며 월 적용급여액은 해당 월의 종업원 과세표준을 해당 월의 종업원 수로 나누어 계산하면 된다. ②, ③의 경우 50명을 초과한 달부터 1년 동안만 특례를 적용하되 해당 기간 동안 50명을

초과하지 않은 달은 공제되는 금액이 없음에 유의해야 하며 그 다음부터는 ①을 적용 받을 수 있다.

4. 2024년 2기 부가가치세 확정신고 납부(25일)

(1) 주요내용

법령에 열거된 규정에 따라 부가가치세가 면제되는 사업만을 영위하는 경우를 제외하고, 사업상 상품(재화)의 판매나 서비스(용역)를 제공하는 모든 사업자는 사업자유형별로 부가가치세 확정 신고·납부 의무가 발생한다.

사업자 유형	제2기 과세대상기간	예외
법인사업자	10/1~12/31	공급가액 미만[7]으로 예정신고를 하지 않은 경우, 7/1~12/31
개인사업자	7/1~12/31	사업부진[8] 등으로 예정신고를 한 경우, 10/1~12/31
간이과세자	1/1~12/31	7/1 기준 과세유형 전환 시, 7/1~12/31

과세대상기간 동안 다음의 계산 흐름에 따라 산출된 세액을 다음해 1.1~1.25에 신고·납부하여야 한다.

7) 직전 과세기간의 공급가액이 1억5천만원 미만인 법인사업자

8) 예정신고기간의 공급가액 또는 납부세액이 직전 과세기간의 공급가액 또는 납부세액의 3분의 1에 미달하는 자

{매출세액−매입세액−경감 · 공제세액−예정고지세액(예정신고 미환급세액)}+가산세액= 차가감 납부(환급)세액

(2) 세무관리 유의사항

매출세액과 매입세액에는 예정신고 누락분도 포함되며, 법령에 열거되어 있는 공제되지 않는 매입세액[9]을 면밀히 검토하여 공제에서 제외하고 신고하는 것이 중요하다.

수출 등 영세율 매출을 누락할 경우 납부세액에는 영향이 없지만 영세율과세표준신고불성실 가산세가 부과되니 유의하여야 하며, 특히 세금계산서 발급 · 수취 관련 가산세가 폭넓게 규정되어 있으므로 공급시기에 유념하여야 한다.

둘 이상의 사업장이 있는 경우 주사업장 총괄납부제도와 사업자단위과세제도를 활용하여 납세의 편리함을 도모할 수 있다.

5. 기타소득 간이지급명세서 제출(31일)

다음의 인적용역을 일시적으로 제공하는 기타소득에 대해서는

9) 1. 사업과 직접 관련이 없는 지출
2. 비영업용승용차의 구입 · 임차 · 유지와 관련된 지출
3. 기업업무추진비와 관련된 지출 등

그 소득 지급일이 속하는 달의 다음 달 말일까지 기타소득 간이지급명세서를 제출하여야 한다.(#별첨 9)

1) 고용관계 없이 다수인에게 강연을 하고 강연료 등 대가를 받는 용역
2) 라디오·텔레비전방송 등을 통해 해설, 심사 등을 하고 보수 또는 이와 유사한 성질의 대가를 받는 용역
3) 변호사, 공인회계사 등 전문적 지식 또는 특별한 기능을 가진 자가 보수 또는 대가를 받고 제공하는 용역

6. 근로소득 간이지급명세서 제출(31일)

일용근로자가 아닌 근로자에게 지급하는 근로소득에 대한 간이지급명세서는 그 소득 지급일이 속하는 반기의 마지막 달의 다음 달 말일까지 제출하여야 한다.

원천징수시기 특례 규정에 따라, 2024년 12월 귀속 1월 지급분도 포함하여 1월31일까지 제출해야 함을 유의하여야 한다.

2월
노무 / 세무
주요 업무

- 고용노동부 근로감독 **[노무]**

- 2024년 귀속 부가가치세 면세사업자 사업장 현황신고 **[세무]**
- 지급명세서(이자 · 배당 · 기타소득) 제출 **[세무]**

1 고용노동부 근로감독 [노무]

근로감독은 고용노동부 근로감독관이 사업장을 방문하여 근로기준법 및 관련 법령이 잘 지켜지고 있는지를 점검하는 과정을 말한다. 이 과정에서 노동관계법령에 따라 근로자의 근로조건, 임금, 근로시간 휴식시간, 임금 등이 적절하게 관리되고 있는지 확인하고 부족한 부분은 개선하도록 시정명령을 내리고 위법한 것은 처벌하기도 한다.

매년 2월 고용노동부는 근로감독계획을 발표하고 3월부터 본격적으로 이루어지나, 아직 2025년 근로감독계획이 발표되지 않았으므로 2024년 주요 근로감독 지적 사례를 통해 근로감독 시 중점적으로 점검하는 항목이 무엇인지 확인하고, 내부적으로 노무관리 기준을 점검해보는 것이 필요하다.

1. 근로감독 주요 점검사항

근로감독은 정기감독, 수시감독, 특별감독으로 구분해 볼 수 있다.

정기감독은 연초에 설정한 근로감독 종합 계획에 따른 점검을 의미하고, 수시감독은 근로감독 계획에 반영하지 못한 사항 중 언론보도 등을 통해 노동관계법령 위반 가능성이 있다고 판단되는 사업장에 대해 실시하는 감독을 말한다. 특별감독은 사회적 물의를 일으킨 사업장을 대상으로 실시하는 감독이다.

이처럼 고용노동부는 근로감독을 구분하여 실시하고 있으나, 실제 감독 시점에는 감독 종류와 관계없이 우선 일반 노무 감독을 실시한 뒤, 선정 주제에 대한 감독이 추가로 이뤄지는 형태로 진행한다. 따라서 어떠한 감독을 받는다 하더라도 실제 고용노동부 감독 대비 시 회사 전반적인 노동관계법령 위반여부를 사전에 점검해야 한다.

(1) 2024년 주요 지적사례

① 포괄임금제 오남용 등으로 연장수당 미지급

장시간 근로가 많음에도 근로시간을 전혀 관리하지 않고 고정 OT만 인정하여 고정 OT시간을 초과한 근로에 대해 연장근로수당 등을 지급하지 않는 경우 임금 체불로 임금 지급명령 등 시정조치가 이루어짐

② 휴식권 미부여로 인한 임금체불

보상휴가를 법정 기준보다 적게 부여하거나 법에서 정한 기준보다 연차휴가를 적게 부여하여 임금체불로 임금 지급명령 등 조치함

③ 장시간 근로로 인한 주 52시간 위반

근로시간을 관리하지 않거나 법정 한도까지만 근로시간을 입력하도록 하여 연장근로 위반한 경우로 시정계획 제출을 명하거나 벌금이 부과됨

④ 직장 내 괴롭힘 · 성희롱

상급자의 업무 외 불합리한 요구, 폭언 등 상습적인 괴롭힘, 연구센터장의 무기계약직 직원에 대한 지속적 폭언 등의 사례가 인정됨

⑤ 기타

기간제 근로자에 대한 합리적 이유 없는 차별, 서면 근로조건 명시 의무 위반, 임금명세서 필수기재 사항 누락 등 기초 노동질서 위반사항 적발됨

(2) 점검 사항별 유의사항

참고 근로감독 시 주요 점검 항목

점검 항목	근거 법령	점검 중요도
근로조건 서면명시	근로기준법 제17조	★★★
근로자 명부, 근로계약서 서류 보존	근로기준법 제42조	☆

임금 등 각종 금품 지급	근로기준법 제43조 내지 제49조 등	★★★
근로시간 위반	근로기준법 제50조 내지 제53조	★★★
휴게시간 부여	근로기준법 제54조	☆
유급휴일 부여	근로기준법 제55조	★★★
연차휴가 부여	근로기준법 제60조	★★★
모성보호	근로기준법 제74조 등	★★★
취업규칙 작성 및 신고	근로기준법 제93조	☆
퇴직금 지급	근로자퇴직급여보장법 제4조 등	★★★
직장 내 괴롭힘 예방	근로기준법 제76조의2 및 제76조의3	★★★

① 근로조건 서명 명시

근로기준법 제17조 및 기간제 및 단시간 근로자 보호 등에 관한 법률 제17조에 따라 사용자는 근로계약을 체결할 때에 임금, 소정근로시간, 휴일, 연차휴가 등 주요 근로조건을 서면으로 작성하여 근로자에게 교부해야 한다.

근로자의 입사 시점에 바로 근로계약서를 작성하여야 하고 단기간 사용한 일용직 근로자나 단시간 근로자 고용 시에도 근로계약서 작성이 누락되지 않도록 유의할 필요가 있다.

또한 필수 기재사항 중 일부를 누락하는 경우도 자주 지적되는 사항이며, 특히 임금의 경우 구성항목 · 계산방법 · 지급방법 모두를 명시해야 하는데 임금 총액만 명시한 경우 근로조건 서면 명시

의무를 위반한 것에 해당할 수 있으므로 주의해야 한다.

② 서류의 보존

근로기준법 제42조에 따라 사용자는 근로자명부 등 근로계약에 관한 중요서류를 3년간 보존하여야 한다. 근로감독 시점에 서류 보존 여부 자체를 점검하지는 않지만, 보존 대상 서류들은 근로감독 시 필수 제출대상이 되므로 보존의무를 준수할 필요가 있다.

보존대상 서류	기산일
근로자 명부	◦ 근로자가 해고되거나 퇴직 또는 사망한 날
근로계약서	◦ 근로관계가 끝난 날
임금대장	◦ 마지막으로 써 넣은 날
임금의 결정·지급방법과 임금계산의 기초, 승급·감급, 휴가에 관한 서류	◦ 완결한 날
고용·해고·퇴직에 관한 서류	◦ 근로자가 해고되거나 퇴직한 날
근로자대표와의 서면합의	◦ 서면 합의한 날
연소자의 증명에 관한 서류	◦ 연소자가 만 18세가 되는 날

③ 임금 등 각종 금품 지급

사용자는 근로자에게 임금을 직접·전액·통화로 정기적으로 지급할 의무가 있고, 연장·야간·휴일근로에 대하여 통상임금의 50% 이상을 가산하여 지급해야 하며, 근로자가 퇴직할 경우 14일 이내에 근로자에게 지급해야 할 모든 금품을 지급해야 할 의무가

2월 노무·세무

있다.

근로감독 시 임금 항목에서 법 위반 사례가 적발될 경우 최대 3년까지 소급하여 지급을 명할 수 있으므로 각별히 유의할 필요가 있다.

점검 사항	주요 내용
연장・야간・휴일근로 가산수당	◦ 가산임금의 기준이 되는 통상임금을 정확하게 산정했는지 여부 ◦ 고정OT수당 산정이 적정한지 여부 ◦ 연장・야간・휴일근로에 대한 가산임금 지급여부 ◦ 실근로시간이 포괄임금에 산정된 근로시간을 초과한 연장근로 등에 대해 가산수당을 추가로 지급했는지 여부
임금대장, 임금명세서	◦ 임금대장에 성명, 입사일 뿐 아니라 종사업무, 근로일수, 근로시간수를 기재하고 있는지 여부 ◦ 임금명세서에 임금 계산방법 등 필수적 사항을 기재하고 있는지 여부
금품청산	◦ 퇴직일로부터 14일 이내에 임금, 퇴직금, 연차유급휴가 미사용수당 등 일체의 금품을 지급하였는지 여부

④ 근로시간 위반

주 52시간을 초과한 근로가 이루어지지 않도록 미리 점검해야 한다.

인사담당자들이 주52시간제 준수의 중요성을 잘 알고 있어서 많은 준비를 하고 있지만, 임신 중인 근로자에 대하여는 사유를 불문하고 연장근로 절대 금지, 후 1년을 지나지 아니한 근로자에 대해서는 1일 2시간, 1주 6시간, 1년에 150시간을 초과하는 연장근로를 시킬 수 없다는 부분에 대해서는 상대적으로 소홀한 경우가 많아, 임산부의 근로시간 관리도 유의해야 한다.

점검 사항	주요 내용
근로시간 한도 준수 여부	◦ 일반근로자 1주 52시간(법정 40시간, 연장 12시간) 초과 여부 ◦ 연소근로자 1주 40시간(법정 35시간, 연장 5시간) 초과 여부 ◦ 임신근로자에 대해 연장근로가 발생했는지 여부 ◦ 산후 1년 미만 근로자의 연장근로 한도 위반 여부
연장·야간·휴일근로 근로자 동의여부	◦ 연장근로 시 근로자의 동의가 있었는지 여부 ◦ 18세 이상 여성근로자 야간·휴일 동의 여부 ◦ 임산부와 연소근로자의 야간·휴일근로에 대한 요건 준수 여부

⑤ 휴게시간 부여

근로기준법 제54조에 따라 사용자는 근로자의 근로시간이 4시간 이상인 경우에는 30분 이상을, 근로시간이 8시간 이상인 경우에는 1시간 이상의 휴게를 근로시간 도중에 부여하여야 한다. 근로감독에서 휴게시간 부여 여부를 직접적으로 확인하는 경우는 드물지만 점검 대상에 포함되므로 유의할 필요가 있다.

점검 사항	주요 내용
휴게시간 부여 여부	◦ 4시간 이상 근로 시 30분, 8시간 이상 근로시 1시간 이상 부여 여부 ◦ 4시간 이상의 연장근로에 대하여 추가적인 휴게시간을 부여했는지 여부

⑥ 유급휴일 부여

근로기준법 제55조에 따라 사용자는 근로자에게 1주에 평균 1회 이상의 주휴일과 법정공휴일, 근로자의 날(5/1)에 유급휴일을 부여하여야 한다. 휴게시간 부여와 같이 유급휴일도 휴일부여 자체보다는 주휴수당과 휴일근로수당을 적정하게 지급하였는지 여부를 중심으로 근로감독이 이뤄진다.

점검 사항	주요 내용
유급휴일	◦ 주휴일, 법정공휴일, 근로자의 날을 유급으로 부여했는지 여부 ◦ 유급휴일에 근무한 경우 휴일근로수당 지급 여부 ◦ 보상휴가가 적법하게 부여되었는지 여부(휴일근로 시간에 1.5배 가산한 시간으로 휴가 부여) ◦ 근로자대표와 서면합의를 통해 보상휴가, 휴일대체를 했는지 여부

⑦ 연차휴가 부여

근로기준법 제60조에 따라 사용자는 1년간 80퍼센트 이상 출근한 근로자에게 15일의 유급휴가를, 계속하여 근로한 기간이 1년 미만인 근로자 또는 1년간 80퍼센트 미만 출근한 근로자에게 1개월 개근 시 1일의 연차휴가를 부여해야 한다. 근로감독은 주로 연차휴가를 적정하게 부여했는지, 근로자가 사용하지 않은 휴가에 대해 수당을 지급했는지 여부를 중심으로 이루어진다.

특히, 연차휴가 사용촉진조치를 할 때 법에서 정한 시기를 지키지 못한다거나 적법하게 연차휴가 사용촉진 조치를 했음에도 근로자가 출근한 때에는 노무수령 거부권을 행사하지 않아 수당지급 의무가 여전히 남게 되는 경우가 종종 발생하는 바, 유의할 필요가 있다.

점검 사항	주요 내용
연차휴가	◦ 근로기준법에서 정한 기준으로 적정하게 연차휴가를 부여했는지 여부 ◦ 근로자대표와 서면 합의에 따라 연차휴가를 대체했는지 여부
연차휴가 사용촉진	◦ 근로기준법에 따라 시기별 사용촉진조치가 적법하게 이루어졌는지 여부

⑧ 취업규칙 작성 · 신고

상시 10명 이상의 근로자를 사용하는 사용자는 시업 및 종업시간, 휴게시간, 휴일, 휴가, 임금의 결정 · 계산 · 지급방법 등 근로기준법 제93조에서 규정한 필수 기재사항을 포함한 취업규칙을 작성하여 고용노동부장관에게 신고해야 한다.

취업규칙을 작성하거나 변경할 때에는 근로자의 과반수로 조직된 노동조합이 있는 경우에는 그 노동조합, 근로자의 과반수로 조직된 노동조합이 없는 경우에는 근로자 과반수의 의견을 들어야 하며, 취업규칙을 불리하게 변경하는 경우에는 그 동의를 받아야 한다.

근로감독은 ▲상시 근로자 10인 이상 사업장에 취업규칙이 작성・신고・게시되어 있는지, ▲취업규칙을 근로자에게 불이익한 내용으로 변경한 때에는 근로자 과반수의 동의를 얻었는지, ▲취업규칙 상 불합리한 부분이나 노동관계법령을 위반한 사항은 없는지를 중심으로 이루어진다.

단, 취업규칙의 경우 일부 미비한 사항이 있더라도 근로감독관의 시정명령에 따라 필요한 경우 근로감독 이후에 취업규칙 개정 작업을 하는 경우가 많아 크게 걱정할 필요는 없다.

⑨ 직장 내 성희롱・괴롭힘

남녀고용평등과 일・가정 양립 지원에 관한 법률에서는 사용자에게 ▲매년 직장 내 성희롱 예방 교육을 실시할 것, ▲성희롱 예방 교육의 내용을 근로자가 자유롭게 열람할 수 있는 장소에 항상 게시하거나 갖추어 두어 근로자에게 널리 알릴 것, ▲직장 내 성희롱 예방 및 금지를 위하여 성희롱 예방지침을 마련하고 사업장 내 근로자가 자유롭게 열람할 수 있는 장소에 항상 게시하거나 갖추어 둘 것, ▲직장 내 성희롱 발생 시 적절히 조치할 것의 의무를 규정하고 있다.

직장 내 괴롭힘 관련하여 근로기준법에서는 ▲취업규칙에 직장 내 괴롭힘의 예방 및 발생 시 조치 등에 관한 사항을 규정할 것, ▲직장 내 괴롭힘을 하지 말 것, ▲직장 내 괴롭힘 발생 시 적절히 조치할 것을 사용자 의무로 규정하고 있다.

통상의 근로감독에서는 직장 내 성희롱 예방 교육이 이루어졌는지만 확인하는 경우가 대부분이나, 직장 내 성희롱 또는 괴롭힘 사안 발생을 원인으로 근로감독이 실시된 경우에는 위 법적의무사항을 이행했는지 추가로 확인하기도 한다.

점검 사항	주요 내용
성희롱 예방교육	◦ 직장 내 성희롱 예방교육이 연 1회 이상 실시되었는지 여부
예방 및 사후조치	◦ 직장내 성희롱 및 괴롭힘을 예방하기 위한 조치 ◦ 사건 발생 시 관계법령에 따른 조치가 이루어졌는지 ◦ 가해자에 대한 적정한 징계조치가 이루어졌는지

⑩ 모성보호

근로기준법과 남녀고용평등법에서는 모성을 보호하기 위한 각종 제도가 규정되어 있고 모성보호와 관련된 규정은 강행규정으로, 근로자의 청구가 있는 경우에는 사용자가 이를 거부할 수 없으며 근로자가 원하는 경우라도 사용자가 관련 규정을 축소하여 적용하거나 적용하지 않을 수 없다.

근로감독 시에는 모성보호 휴가자 등 명단 확인을 통해 모성보호 3법에서 규정한 출산전후휴가, 유사산휴가, 육아휴직, 육아기 근로시간 단축, 배우자 출산휴가, 난임치료휴가, 육아시간 및 태아 검진시간 등을 적절히 부여했는지 확인하므로 근로자에게 온전한 휴가 등을 부여했다면 크게 문제될 부분은 없다.

⑪ 최저임금 준수

최저임금법 제6조에 따라 사용자는 근로자에게 당해연도 최저임금액 이상의 임금을 지급하여야 한다. 최저임금 준수 여부 역시 크게 문제되는 부분은 없으나, 주로 최저임금 수준에 가까운 신입사원이나 인턴의 경우 최저임금 인상시점인 연초에 최저임금 미달 문제가 발생하지 않는지 여부는 점검해 두어야 한다.

⑫ 기간제 및 단시간 근로자 보호

기간제 및 단시간근로자 보호 등에 관한 법률 제8조에 따라 사용자는 기간제・단시간 근로자임을 이유로 사업장 내 동종 또는 유사한 업무에 종사하는 기간의 정함이 없는 근로자에 비하여 합리적 이유가 없이 차별적 처우를 할 수 없다. 이에 따라 ▲임금 ▲정기상여금, 명절상여금 등 정기적으로 지급되는 상여금, ▲경영성과에 따른 성과금, ▲그 밖에 근로조건 및 복리후생 등에 관한 사항에 대해 차별적 처우가 금지된다.

근로감독 시에는 조직도, 직원명부, 업무분장표, 임금대장, 복리후생 규정 등을 확인하여 비교대상 근로자 간에 차별적 처우가 있었는지 여부를 확인한다. 따라서 비교대상 근로자가 있는 경우 비정규직에게 달리 적용하는 사항이 있다면 합리적 이유가 있는지 여부를 점검하여 차별시정 명령에 대비할 필요가 있다.

⑬ 퇴직급여 지급

근로감독 시 퇴직금 지급 관련 확인하는 사항은 ① 퇴직금을 정확하게 산정하여, ② 퇴직일로부터 14일 이내에 지급했는지 여부이다.

퇴직금(DB형 퇴직연금 포함)은 퇴직 전 3개월 동안 근로자에게 지급된 임금 총액을 그 기간의 총일수로 나눈 평균임금을 기초로 산정한다. 3개월 동안 지급된 임금 범위를 잘못 산정하는 경우는 거의 없으나, 실무상 혼동하거나 자주 실수하는 부분이 연차수당과 상여금이다. 퇴직금 산정 시 포함해야 하는 연차수당은 퇴직 전전년도의 근로에 따라 발생하여 퇴직 전년도에 사용할 수 있는 연차휴가를 사용하지 않아 수당으로 지급한 금액의 3/12이다. 상여금 역시 퇴직일 이전 1년간 지급한 금액 3/12을 평균임금에 산입해야 퇴직금 과소지급에 해당하지 않는다.

DC형 퇴직연금제도에서는 평균임금이 아닌 근로자의 연간 임금총액의 12분의 1 이상에 해당하는 부담금을 근로자의 확정기여

형퇴직연금제도 계정에 납입하는 방식으로 퇴직금 지급이 이루어지므로 재직 중에 지급된 연차수당은 물론 퇴사로 인해 지급한 연차수당도 퇴직연금 부담금에 포함하여 납입해야 한다.

점검 사항	주요 내용
퇴직금 지급 준수	◦ 퇴직일로부터 14일 이내에 퇴직금을 지급했는지 여부 ◦ 기한을 초과하여 퇴직금을 지급한 경우 근로자의 동의를 얻었는지 및 지연이자를 지급했는지 여부 ◦ 평균임금을 적정하게 산정했는지 여부 ◦ 법에서 정한 사유로 퇴직금을 적법하게 중간정산했는지 여부
퇴직연금 교육	◦ 연 1회 이상 퇴직연금 교육을 실시했는지 여부

⑭ 노사협의회 설치

상시 근로자가 30인 이상인 사업장은 ▲근로자와 사용자를 대표하는 같은 수의 위원을 3명~10명의 범위 내에서 선출하여 노사협의회를 설치・구성하고, ▲매 3개월마다 정기적으로 회의를 개최하여야 한다. 또한 ▲노사협의회 규정을 작성하여 고용노동부신고하여야 한다.

근로감독 시에는 ▲노사협의회 설치 ▲분기별 정기회의 개최 ▲고충처리위원 선임 ▲노사협의회 규정 신고 등에 대한 사항을 중점적으로 확인한다.

점검 사항	주요 내용
정기회의 개최	◦ 노사협의회를 설치하고 정기적으로 회의를 개최하는지 여부 ◦ 노사협의회 규정을 작성하고 신고하였는지 여부
고충처리 위원	◦ 고충처리위원을 선임하였는지 여부 ◦ 고충처리를 접수한 경우 적절한 방법으로 처리하였는지 여부

2. 근로감독 절차

고용노동부 소속 근로감독관은 사법경찰관의 신분에서 근로기준법을 중심으로 최저임금법, 남녀고용평등법, 산업안전보건법, 근로자참여 및 협력증진에 관한 법률, 근로자퇴직급여 보장법, 중대재해처벌 등에 관한 법률 등 총 19개의 법령을 대상으로 감독한다.

근로감독 대상 사업장에 무작위 공문을 보낸 뒤 개별적으로 유선 연락을 통해 근로감독 방문일정을 잡고 유선 연락이 온 시점부터 보통 1주일 내 사업장에 방문한다. 정기·수시감독은 실시일 전 1년간, 특별감독은 실시일 전 3년간 사업장에서 일어난 노동관계법령을 대상으로 이루어진다. 서류 중심 현장조사를 진행하면서 서류가 부족하거나 사실관계 확인을 위해 근로자 인터뷰, 디지털 포렌식 조사를 진행할 수 있고 근로감독은 약 2시간 정도 소요된다.

3. 근로감독 준비사항

먼저, 공문과 같이 전달받은 사업장 점검 준비서류 목록에 따라 최근 1년을 기준으로 서류를 준비하고, 사업장에 근로감독이 나온 것처럼 자체적으로 모의점검을 실시하는 것이 좋다.

최근 법 개정사항이 반영되지 않은 취업규칙, 노사협의회 규정 등은 근로감독 시정지시를 받은 후 법 개정사항 등을 반영해서 규정 변경절차를 거친 뒤 고용노동부에 신고하면 되므로 큰 문제가 되지는 않으나, 연차휴가 미사용수당, 연장·야간·휴일근로수당 등 금품체불은 최대 3년치 임금지급 명령이 이루어질 수 있으므로 가장 유의해서 준비해야 한다.

4. 근로감독 관련 FAQ

(1) 작년에 노동부 진정 건이 있었습니다. 올해 바로 근로감독이 나올까요?

근로감독은 종합감독시행계획에 따라 근로감독이 필요하다고 판단되는 회사에 대해 일정한 기준에 따라 대상자를 선정해 실시한다.

따라서 노동부 진정 건이 있었다고 바로 근로감독이 나오는 건 아니며, 고용노동부로터 근로감독 선정 대상 공문을 받으면 모의점검을 통해 준비하는 것이 바람직하다.

(2) 인사담당자가 퇴사해서 아는 사람이 없는데, 근로감독을 미룰 수 있나요?

회사가 공문을 받고 거부하거나 연락 두절되는 경우 즉, 근로감독 수감을 거부하는 경우에는 과태료가 부과될 수 있다. 인사담당자가 근로감독 이전에 퇴사해서 새로 온 인사담당자가 회사의 자세한 내용을 알지 못하더라도 관련 서류는 남아있기 때문에 근로감독은 예정대로 이루어지고 근로감독을 미루거나 거부할 수는 없다.

2월 노무·세무

(3) 근로감독 받으면 내년에는 안 나오는 건가요?

고용노동부 근로감독은 정기·수시·특별 근로감독에 따라 실시하는 것이기 때문에 지난번 받고 또다시 근로감독 대상 사업장으로 선정될 수 있다. 지난번 근로감독 때 시정받았던 내용을 주의한다면 이번 근로감독에서도 무난하게 넘어갈 가능성이 높다고 생각된다.

(4) 근로감독 시 제출 요구받은 서류 중 없는 서류는 어떻게 해야 하나요?

제출 요구 서류 중 회사에 해당하는 서류를 중심으로 준비하고, 유연근무제도를 운영하고 있지 않아서 없는 선택적 근로시간제 서면 합의서 등 해당하지 않는 서류는 준비하지 않아도 된다.

다만 근로감독관이 근로시간 위반여부를 확인하기 위해 '근태기록'을 요구하는데, 법적으로 출퇴근 체크를 해야 할 의무는 없으므로 과거에는 근태기록이 없다고 대응하는 경우도 많았다. 그러나 최근에는 디지털 포렌식 수사를 통해 사업장 출입기록이나 카카오톡 및 문자메시지 대화내용 분석을 통한 연장근로 사실 확인 뿐 아니라 삭제 데이터 복구까지 가능하므로 근태기록을 대체할 수 있는 사무실 출입기록이나 연장근로 사전 신청 내역을 통해서라도 장시간 근로 위반, 고정OT제도 오남용 등이 없음을 입증할 수 있는 자료를 제출해야 하는 것이 바람직하다.

(5) 근로감독 결과 위반사항 발견 시 바로 처벌되나요?

근로감독관이 법 위반사항을 발견하더라도 바로 처벌되는 것은 아니다. 근로감독을 통해 법 위반사항이 발견되는 경우 근로감독관은 위반 법령의 내용, 시정지시 내용, 시정기한 등을 구체적으로 적시한 시정지시서를 발부한다. 시정기한 내에 시정 완료하면 내사종결하고 별도의 처벌은 받지 않으나, 기한 내에 시정하지 않으면 범죄인지 보고 후 수사에 착수하며, 행정질서벌의 경우 과태료를 부과한다. 다만, 법 위반사항 중 '즉시시정' 또는 '즉시범죄인지'의 경우 별도의 시정기간을 부여하지 않고 범죄인지하거나 과태료를 부과할 수 있으니 유의해야 한다.

근로감독 실시일을 기준으로 최근 3년간 동일한 사항을 다시 위반한 경우에는 즉시 범죄인지를 하여 검찰에 기소하거나 과태료를 부과할 수 있으니 사업장에서는 지속적인 노무관리가 필요하다.

2 세무관리 주요 업무

1. 2024년 귀속 부가가치세 면세사업자 사업장현황신고(10일)

(1) 주요내용

거주자 중 부가가치세가 면제되는 업종을 영위하는 다음의 개인사업자는 해당 연도의 총수입금액, 세금계산서 등 적격증빙 수취내역 등을 기재한 부가가치세 면세사업자 사업장현황신고서를 해당 과세기간의 다음 연도 2월 10일까지 사업장관할세무서장에게 제출하여야 한다. 즉, 부가가치세 신고의무가 없는 모든 개인사업자가 대상자인 것으로 생각하면 쉽게 파악할 수 있다.

〈사업장현황신고 대상 개인사업자〉

- 의사, 한의사, 연예인 등 전문직종
- 임시학원, 보습학원 등 학원사업자
- 농·축·수산물 도·소매업자
- 사금융업, 서비스사업자 등

주택임대업, 대부업, 일반학원, 일반병의원, 피부과, 안과, 성형외과, 치과, 한방과, 동물병원, 연예인 사업자는 사업장현황신고서에 수입금액검토표를 첨부하여 제출하여야 한다.

(2) 세무관리 유의사항

해당 과세기간 중 폐업 또는 휴업한 사업자도 사업장현황신고서 제출의무가 있으며, 둘 이상의 사업장이 있는 사업자는 각 사업장별로 사업장현황신고 의무가 있음에 유의해야 한다.

「의료법」에 따른 의료업, 「수의사법」에 따른 수의업 및 「약사법」에 따라 약국을 개설하여 약사(藥事)에 관한 업(業)을 행하는 사업자는 사업장현황신고를 하지 않거나 신고해야 할 수입금액에 미달하게 신고한 때에는 신고하지 않은 수입금액 또는 미달헤 신고한 수입금액의 1천분의 5에 상당하는 가산세가 발생한다.

사업장현황신고불성실가산세=무신고(과소신고)수입금액×5/1,000

2. 지급명세서(이자 · 배당 · 기타소득) 제출(28일)

거주자 또는 내국법인에게 이자·배당소득을 지급하거나 거주자에게 기타소득을 국내에서 지급하는 자는 지급일이 속하는 연도의 다음 연도 2월 말일까지 연간 지급된 금액의 합계액에 대해 지급명세서를 작성하여 제출하여야 한다.

내국법인에 대한 배당은 원천징수대상에 해당하지 않지만 지급명세서는 제출하여야 함을 유의해야 한다.

지급명세서 제출기한까지 제출하지 않았거나 제출된 지급명세서 등에 기재된 지급금액이 사실과 다른 경우 다음의 가산세가 부과되기 때문에 무엇보다 기한 내에 정확한 금액을 제출하는 것이 중요하다고 할 것이다.

구분	가산세
미제출	미제출 지급금액의 1%*
사실과 다르게 제출	사실과 다른 지급금액의 1%*

* 단, 제출기한이 지난 후 3개월 이내에 제출하는 경우에는 0.5%를 적용함.

당초에 실제 지급액보다 과다하게 제출하는 경우에도 사실과 다르게 제출한 경우에 해당하므로 유념할 필요가 있다.

3월
노무 / 세무
주요 업무

- 고용 · 산재보험, 건강보험 보수총액 신고 **[노무]**

- 근로 · 퇴직 · 사업 · 종교인소득 지급명세서 제출 **[세무]**
- 12월말 결산법인 법인세 신고납부 **[세무]**

1 고용·산재보험, 건강보험 보수총액 신고 [노무]

매년 3월에는 건강보험과 고용·산재보험의 보험료 정산을 위한 보수총액 신고가 이루어진다. 보수총액 신고절차를 통해 공단은 확정된 소득을 기준으로 전년도에 적용될 보험료를 확정하고, 그 다음 해 보험료 산정의 기준이 될 월평균 보수월액을 산정하게 된다.

보수총액 신고는 이른바 4대보험이라 불리우는 국민연금, 건강보험, 고용보험, 산재보험 중 건강보험과 고용·산재보험을 대상으로 이루어진다. 다만, 최근 국민건강보험법령의 개정에 따라 사용자가 국세청에 간이지급명세서를 제출한 경우에는 보수총액 신고를 한 것으로 간주하여 건강보험공단 별도로 보수총액 신고를 별도로 진행하지 않을 수 있다.

1. 2025년부터 달라지는 건강보험 보수총액 신고

2025년 보험료 정산(2024년도 귀속분)부터 사용자가 국세청에 근로소득 간이지급명세서를 제출한 경우 국민건강보험공단에 보수총액 신고를 한 것으로 간주한다. 사용자는 소득세법에 따라 매년 7월 31일과 1월 31일까지 국세청에 근로자의 반기별 급여 등을 포함하는 근로소득 간이지급명세서를 제출하고 있으므로, 회사는 별도의 신고 없이 건강보험 보수총액 신고 의무를 면제받을 수 있다.

단, 이 경우에도 근로소득 간이지급명세서를 제출하지 않았거나, 기재사항에 누락·오류 등이 있는 경우에는 현행과 동일하게 3월 10일까지 전년도 보수총액을 신고해야 한다.

2. 고용·산재보험 보수총액 신고

고용·산재 보수총액 신고 의무는 사용자가 부담하므로, 사용자는 매년 3월 15일까지 서면이나 온라인을 활용하여[10] 근로자별 전년도 보수총액을 신고해야 한다.

(1) 보수총액 신고 대상자

매년 12월 말일 현재 고용·산재보험과 건강보험에 가입된 근로자라면 신고 대상자에 포함된다. 단, 연도 중 퇴사한 자, 일용근로자 등은 대상에서 제외된다. 구체적인 보수총액 신고 대상이 되는 근로자의 범위는 아래와 같다.

참고 [표 1] 보수총액 신고 대상자

구분	신고대상	
현재 기준 재직자	○	-
연도 중 퇴직자	×	퇴직 시 이미 신고하였으므로 제외
12월 중 입사자	○	입사당월 보험료 부과 대상이므로 신고

10) 10인 이상은 온라인으로만 신고할 수 있다.

휴직 중인 근로자	○	-
전보 근로자	○	◦ 전보일 기준 전보 전·후 사업장에서 발생한 보수를 사업장별로 나누어 신고 ◦ 전보 이전 사업장은 상실일이 전보일, 전보 이후 사업장은 취득일이 전보일에 해당한다.
해외파견근로자	○	-
일용 근로자	×	전체 일용근로자 소득 합산하여 별도 신고
예술인	○	단, 소득합산 신청 예술인은 적용 제외
외국인근로자	△	가입제외 대상 외국인은 제외
노무제공자	○	-

3월 노무·세무

(2) 고용형태별 보수총액 산정

① 상용 근로자의 연간보수총액

근로자가 사업장에서 근로의 제공을 통해 받은 임금, 상여 등과 이와 유사한 성질의 금품의 합계를 기재한다. 단, 퇴직금과 소득세법 규정에 따른 비과세 근로소득은 제외된다.

참고 [표 2] 보수총액의 범위에서 제외되는 비과세 근로소득의 예시

※ 비과세 근로소득 예시
- 근로자가 받는 월 20만원 이하의 식대
- 근로자 또는 그 배우자의 출산이나 6세 이하 자녀의 보육과 관련하여 받는 급여로서 월 20만 원 이내의 금액
- 월 20만 원 이내의 자가운전보조금 등

휴업·휴직 중인 근로자에 대해 그 기간 중 발생한 보수가 있다

면 보수총액 신고 시 포함하여야 한다. 휴업·휴직 중인 근로자에게 지급한 보수는 고용보험 보수총액에만 산입하면 되지만, 만일 휴직 이전에 지급사유가 발생한 보수를 휴직기간에 지급하는 경우라면 고용보험과 산재보험 보수총액에 모두 포함해야 한다.

② 일용근로자 및 그 밖의 근로자 보수총액

일용근로자란 1개월 미만 동안 고용되는 근로자를 말한다. 산재보험 및 고용보험 일용근로자의 연간 보수총액 합계액을 각각 기재하면 되고, 근로내용확인신고서 제출 여부와 관계없이 사업장에서 발생한 일용근로자의 보수를 모두 합하여 산정한다.

그 밖의 근로자 보수총액에는 산재보험을 취득하지 않은 월 60시간 미만 단시간 상용근로자와 산재보험을 신고하지 않은 외국인 근로자(고용보험 적용 제외자)의 연간 보수총액을 합한 금액으로 산정한다.

③ 일용근로자 중 65세 이후 새로 고용된 근로자 등

만 65세 이후에 새로 고용된 근로자의 경우 고용보험 중 고용안정·직업능력개발사업만 가입대상에 해당한다. 따라서, 65세 이후에 새로 고용되었거나, 65세 이전에 고용되었더라도 65세 이후 근무일과 10일 이상 근로 공백이 있는 일용근로자의 보수 합계는 별도로 산정하여 신고해야 한다.

외국인근로자의 고용 등에 관한 법률에 따라 고용허가 절차를 거쳐 채용된 체류자격 E-9 또는 H-2 근로자는 고용보험 임의가입 대상자로서 고용안정·직업능력개발부분만 적용되므로, 해당 외국인 근로자의 보수 합계 역시 구분하여 산정해야 한다.

④ 예술인의 연간 보수총액

예술인의 연간 보수총액은 소득세법 제19조에 따른 사업소득과 동법 제21조에 따른 기타소득을 더한 금액에서 비과세소득과 필요경비를 빼서 산정한다. 고용노동부 고시에 따르면 2025년 적용되는 필요경비 공제율은 분야별 차등없이 25%이다.

참고 [표 3] 예술인의 보수총액 산정방법

{(사업소득 또는 기타소득)−(사업소득 또는 기타소득 중 비과세소득)}×25%

예술인은 고용보험에 대해서만 보수총액을 신고하면 된다. 이때 계약기간이 1개월 미만인 단기 예술인의 보수총액 경우, 미신고된 내역이 있거나 보수액 정정이 필요한 경우에는 노무제공내용 확인신고(누락 시) 또는 단기노무제공내용 정정신고(보수액 정정 시)를 먼저 실시한 후, 처리가 완료되면 보수총액을 신고해야 한다.

⑤ 노무제공자의 보수총액

고용보험 가입 노무제공자의 경우 일반 근로자와 달리 실제 월 보수액을 매월 신고하지만, 정확한 보험료 산정을 위해 매년 보수총액신고도 병행해야 한다. 노무제공자의 월 보수액은 아래와 같이 산정된다.

참고 [표 4] 노무제공자의 월 보수액 산정 방법

{(사업소득 또는 기타소득)–(사업소득 또는 기타소득 중 비과세소득)}× 직종별 공제율

3. 보수총액 신고 관련 Q&A

(1) 보수총액 미신고 또는 지연신고 시 불이익이 있나요?

보수총액 신고는 월평균 보수를 산정하는 기초자료에 해당한다. 보수총액을 신고하지 않는다면 월평균 보수를 산정할 수 없고, 두루누리 사업장으로서 고용보험료 지원을 받고 있는 사업이라면 그 지원이 제한될 수 있다.

또한, 정당한 이유없이 보수총액신고를 하지 않거나 기한 내에 신고하지 않는 경우 고용·산재보험은 최대 300만원,[11] 건강보험은 최대 500만원[12] 이하의 과태료가 부과될 수 있다.

---

11) 고용보험 및 산업재해보상보험의 보험료징수 등에 관한 법률 제50조 제1항 제1호

(2) 정산될 보험료를 미리 확인할 수 있나요?

미리 확인할 수 있다. 보수총액신고서 처리가 완료되면 근로복지공단 토탈서비스에서 로그인 후 확인이 가능하다.

(3) 이미 제출한 보수총액 신고서를 수정할 수 있나요?

이미 제출한 보수총액 신고서도 수정이 가능하다. 보수총액 신고 대상 근로자를 누락하여 신고하였거나, 보수총액을 잘못 기재하여 신고한 경우, 일용근로자 등의 보수총액을 누락하거나 착오하여 신고하는 등의 경우에는 '보수총액수정신고서'를 활용하여 수정하면 된다.

보수총액을 수정할 때에는 그 내용을 확인할 수 있는 증빙자료(예 : 근로소득 원천징수 영수증, 임금대장 등)를 첨부하여 신고해야 한다.

(4) 근로자분의 정산보험료는 어떻게 반영하나요?

① 고용·산재보험

고용보험료는 실업급여부분과 고용안정·직업능력 개발사업부분으로 나누어 부과된다. 근로자는 이 중 실업급여 부분에 대한 보

12) 국민건강보험법 제119조 제3항 제2호

험료만 부담하므로 실업급여 부분에서 발생한 정산보험료 중 근로자부담분을 월 급여에 반영하면 된다. 단, 매월 급여의 0.9%에 해당하는 고용보험료를 공제하고 있었다면 해당연도 총 보수에서 0.9%에 해당하는 고용보험료를 전부 공제한 것과 다름 없으므로 추가로 정산분을 반영하지 않도록 주의해야 한다.

산재보험은 보험료의 전액을 사업자가 부담하므로 근로자에게 반영할 근로자분의 정산보험료가 없다.

② 건강보험

해당 월의 급여 수준과 관계없이 그 달에 부과된 건강보험료를 공제하고 있었다면 보수총액신고를 통해 정산된 보험료를 해당 근로자에게도 반영해야한다. 이 경우 공단이 고지한 정산 결과를 토대로 반환금액이 있다면 돌려주고 추가 공제금액이 있다면 당월 급여에서 공제하면 된다. 공제 시 근로자의 동의를 얻을 필요는 없다.

반면, 해당 월의 급여를 기준으로 건강보험료율을 매월 산정하여 보험료를 공제하고 있었다면 정산된 보험료를 반영할 필요가 없다. 단, 연도 중에 입사한 근로자의 경우 정산된 보험료가 반영될 여지가 있으므로 주의해야 한다.

예를 들어 근로자가 특정 월의 1일 이후에 입사한 경우, 해당 월은 근무월수[13)]에는 포함되지만 정산대상 월수[14)]에서는 제외된다. 이 경우, 매월 급여에 보험료율을 적용한 보험료를 공제했다고 하더라도 정산분이 발생할 수 있기 때문에 정산된 보험료를 반드시 확인하여 반영하여야 한다.

(5) 정산보험료를 분할하여 납부할 수 있나요?

고용・산재보험의 경우 추가로 납부해야 할 금액이 정산을 실시한 달의 보험료를 초과한다면 그 금액을 2등분하여 정산을 실시한 달과 그 다음달 보험료에 각각 합산하여 부과된다. 일시납을 원한다면 보수총액신고 시 '정산보험료 일시납 신청'을 표시하여 제출하면 된다. 정산결과 과납보험료가 발생하였다면 보수총액 신고 시 신청을 통해 과납보험료를 충당하거나 별도 과납금 환급신청이 가능하다.

건강보험의 경우 정산결과 추가로 납부해야 할 금액은 그 다음달 보험료에 합산하여 부과되는데, 추가부과액이 당월 보험료 이상이면 별도 신청을 통해 1회에 전액 납부하거나 12회의 범위 내에서 분할하여 납부할 수도 있다. 납부한 보험료가 많은 경우에는 납부할 보험료에 충당하고 잔액이 있다면 사업장 신청에 의해 반환된다.

---

13) 전년도 보수총액이 해당하는 근무개월 수

14) 실제로 보험료가 부과되는 월수

2 세무관리 주요 업무

1. 지급명세서(근로 · 퇴직 · 사업소득) 제출(10일)

거주자에게 근로·퇴직·원천징수대상 사업소득을 국내에서 지급하는 자는 지급일이 속하는 연도의 다음 연도 3월 10일까지 연간 지급된 금액의 합계액에 대해 지급명세서를 작성·제출하여야 한다.(#별첨 10)

근로소득 지급명세서 제출 시에는 월 20만원 이하의 비과세 식대 지급액 등 제출 비과세 항목들도 포함하여 제출하여야 함을 유의해야 하며, 지급명세서상의 급·상여액 및 주(현)근무지 기납부세액의 합계액과 해당 연도 원천징수이행상황신고서상의 총 지급액 및 소득세 등 징수세액의 합계액이 일치함을 반드시 확인하고 제출해야 한다.(#별첨 11, 12)

실무적으로 대표이사 인정상여 소득처분에 따라 지급명세서를 수정제출 해야 하는 문제가 발생하나, 이 경우 지급명세서 관련 가산세는 적용되지 않는다.

2024년 12월 귀속 1월 지급분의 경우, 원천징수시기 특례 규정이 있는 근로·퇴직소득은 2025년 3월 10일까지 제출하여야 하며 특례 규정이 없는 원천징수대상 사업소득은 원칙에 따라 지급일이 속하는 연도의 다음 연도인 2026년 3월 10일까지 제출기한임을 유념하기 바란다.

해당 연도 중 금융기관 등에서 소속 직원분들의 근로소득 관련 자료 제출을 요구할 경우, 실무적으로 지급명세서를 대신하여 갑종 근로소득에 대한 소득세원천징수확인서로 갈음이 가능하므로 참고 해주시길 바란다.(#별첨 13)

2. 12월말 결산법인 법인세 신고납부(31일)

(1) 주요내용

법령이나 정관 등에서 12월 31일을 사업연도 종료일로 하는 내국법인은 사업연도 종료일이 속하는 달의 말일부터 3개월 이내에 해당 사업연도에 대한 법인세 과세표준과 세액을 신고・납부하여야 하며, 법인세 계산구조를 요약하면 다음과 같다.

계산구조	내용	비고
결산서상 당기순이익		
(+)익금산입, 손금불산입	〈소득처분〉 ◦ 유보, 상여, 배당, 기타소득, 기타사외유출	〈대표적인 소득처분 예시〉 ◦ 작업진행률 의한 수입금액 가산 ◦ 자산의 당기 평가감, 전기 평가증 중 당기 사용분 ◦ 기업업무추진비 한도초과액 ◦ 가지급금등의 인정이자 ◦ 감가상각비 한도초과액 ◦ 업무용승용차 관련 비용 손금불산입 ◦ 퇴직급여・대손충당금 한도초과액 ◦ 법인세, 벌과금, 과료 등
(-)손금산입, 익금불산입	〈소득처분〉 ◦ 유보, 기타	〈대표적인 소득처분 예시〉 ◦ 전기 수입금액 가산분 당기 수입

3월 노무・세무

		계상 ◦ 퇴직급여 · 대손충당금 전기 부인액 중 당기 환급액 ◦ 자산의 당기 평가증, 전기 평가감 중 당기 사용분 ◦ 법인세 환급금 및 환급가산금 ◦ 수입배당금액의 익금불산입
차가감 소득금액		
(+)기부금 한도 초과액	◦ 특례기부금 10년간 이월공제 ◦ 일반기부금 10년간 이월공제 ◦ 위 외의 기부금은 이월되지 않음	
각사업연도 소득금액		
(-)이월결손금	◦ 10년 이내에 발생한 세무상 이월결손금	◦ 2020.1.1 이후 개시 사업연도 발생분부터는 15년 이내
(-)비과세소득		
(-)소득공제		
과세표준		
(×)세율	◦ 2억원 이하 : 9% ◦ 2억원 초과 : 19% ◦ 200억원 초과 : 21% ◦ 3천억원 초과 : 24%	◦ 2023.1.1. 이후 개시하는 사업연도부터 적용
산출세액		
(-)공제 · 감면 세액	◦ 「법인세법」과 「조세특례제한법」에 규정	〈대표적인 공제 · 감면 제도〉 ◦ 창업중소기업 법인세 감면 ◦ 중소기업 등 특별세액 감면 ◦ 연구 및 인력개발비 세액공제 ◦ 통합투자세액공제 ◦ 고용을 증대시킨 기업에 대한 세액공제 ◦ 성과공유제 경영성과급 세액공제
(+)가산세	◦ 지급명세서 제출불성실 가산세 등	
총부담세액		
(-)기납부세액	◦ 원천납부세액	

	◦ 수시부과세액 ◦ 중간예납세액	
차감납부할 세액		

(2) 세무관리 유의사항

세법상 중소기업의 요건에 해당하는 내국법인의 경우, 「법인세법」과 「조세특례제한법」에 매우 다양한 세제지원 규정들이 있기 때문에, 세제지원이 가능한 규정들을 면밀히 검토하여 적용시키는 것이 중요하다.

또한, 세액감면 규정과 세액공제 규정이 동시에 적용되는 경우 다음의 적용순위에 따라야 함에 유의하여야 한다.

① 세액감면

② 이월공제가 인정되지 않는 세액공제

③ 이월공제가 인정되는 세액공제로서 이월된 세액공제

④ 이월공제가 인정되는 세액공제로서 해당 사업연도에 발생한 세액공제

납부할 세액이 1천만원을 초과하는 경우, 납부기한이 지난 날부터 1개월(중소기업은 2개월) 이내에 분납할 수 있으며, 납부할 세액의 범위에 따라 다음에 의한다.

① 납부할 세액이 2천만원 이하인 경우 : 1천만원을 초과하는 금액

② 납부할 세액이 2천만원 초과인 경우 : 그 세액의 50% 이하의 금액

3월 노무·세무

4월
노무 / 세무 주요 업무

- 고용형태 현황 공시 **[노무]**
- 근로계약서 및 연봉계약서 갱신 **[노무]**

- 2025.1기 부가가치세 예정신고 납부 **[세무]**

1 고용형태 현황 공시 [노무]

고용형태 공시제도란 사용하는 근로자의 고용형태를 공시하여 기업이 자율적으로 고용구조를 개선하도록 하기 위해 도입된 제도이다. 공시 의무가 있는 사업장은 상시 300인 이상의 사업장이며, 매년 소속 근로자의 고용형태 현황을 공개적으로 게시해야 한다.

2025년에도 작년과 동일하게 상시 300인 이상 사업장의 사업주는 매년 3월 31일을 기준으로 근로자의 고용형태 현황을 해당 연도 4월 30일까지 공시해야 한다.

1. 고용형태 공시제도의 주요 내용

(1) 공시의무가 있는 상시 300인 이상 사업주

고용정책기본법상 고용형태공시 의무가 있는 사업주의 판단 기준이 되는 상시 근로자 300인은 직접 고용한 근로자 수를 의미한다. 이때 근로자의 범위에는 출산휴가, 병가, 육아휴직, 결근 등의 사유로 실제 근로를 제공하지 않는 근로자가 있더라도 포함해야 한다.

상시근로자 수는 년도 매월 말일 현재 사용하는 근로자 수의 합계를 전년도 조업 개월 수로 나누어서 산정한다.

(2) 공시 대상

① 고용형태

해당 사업장의 근로계약기간의 정함이 없는 근로자, 기간제 근로자, 단시간 근로자는 모두 소속 근로자의 범위에 포함된다. 이때 기간의 정함이 없는 근로자 및 기간제 근로자 중 단시간 근로자가 있는 경우에는 그 수를 각각 별도 기재한다.

공시의무가 있는 사업주의 사업장 내에서 파견, 용역, 도급 계약에 의해 근무하는 근로자는 소속 외 근로자로 보아 공시하면 된다.

상시 근로자 수가 1,000명 이상인 대규모 사업체의 경우에는 고용형태 현황을 공시하는 것과 함께 사업장 단위의 고용형태 현황과 소속 외 근로자의 주요업무 내용도 추가로 공시해야 한다.

② 공시 방법

공시의무는 사업체(법인)단위로 이루어지므로, 경영상 일체를 이루면서 유기적으로 운영되는 하나의 기업이 여러 개의 사업장을 가진 경우에는 각 사업장 근로자의 고용형태 현황을 합산하여 공시해야 한다. 사무소 등이 장소적을 분리·운영되는 경우에는 본사에서 사업장별 근로자의 고용형태 현황을 파악하여 합산 공시하면 된다.

동일 그룹 계열사이거나 대표이사나 경영진이 동일하더라도 각각 별도의 법인체인 경우에는 법인 단위로 공시해야 한다.

(3) 고용형태 외 공시 내용

① 특기사항

공시 내용에 큰 변동이 있거나 기간제 또는 소속 외 근로자 사용이 불가피한 사정이 있는 경우 등에는 특기사항을 활용하여 그 사유를 기재할 수 있다.

예컨대, 퇴직 후 재고용, 임신·출산·육아 여성 등의 고용안정 등을 위해 기간제 근로자를 사용하는 경우, 조업라인 증설, 전산망 구축 등의 이유로 공시 시점에 일시적으로 소속 외 근로자를 많이 사용한 경우, 정부 정책 사업 추진 중 기간제 근로자를 사용한 경우 등에는 그 사유를 '특기사항'에 입력하면 된다.

② 사업장 단위의 고용형태 현황

본사와 장소적으로 분산되어 있는 지점, 출장소, 공장 등이 ▲한국표준산업분류상 산업(대분류)가 다르거나, ▲서로 다른 단체협약 또는 취업규칙을 적용하는 경우, ▲노무관리, 회계 등이 명확하게 독립적으로 운영되는 경우 중 어느 하나에 해당한다면 독립성 있는 별개의 사업장으로 보아 고용형태 현황을 신고해야 한다.

③ 소속 외 근로자의 주요 업무내용

해당 사업장에서 소속 외 근로자가 수행하는 주요 업무를 기재하되, 소속 외 근로자가 소속된 사업체(법인)가 여러 개인 경우에는 주요 업체 소속근로자의 대표적인 주요 업무를 모두 공시해야 한다. 업무는 한국고용직업분류(중분류)를 참고하여 기재하면 된다.

예를 들어, A기업이 B기업과 '전산장비유지보수 계약'을 체결한 경우, 소속 외 근로자가 수행하는 주요업무 내용을 '83. 전기·전자설치·정비·생산직'으로 입력하면 된다.

2. 공시 절차

고용형태공시는 전용 온라인 사이트를 통해 신고하면 된다. 온라인에 고용형태 현황을 기재하는 기간은 4.1.~4.30. 이며, 그 기간에 자유롭게 입력 또는 수정이 가능하다. 기간이 지난 후에는 보완기간 5.16.~5.31.이 운영되므로 신고된 공시 내용에 수정이 필요한 경우에는 해당 기간을 활용하면 된다. 단, 보완기간까지 종료된 후에는 추가 수정이 불가한 점은 유의할 필요가 있다.

3. 고용형태 공시제 관련 FAQ

(1) 건설업으로서 상시근로자수 산정, 4대보험 성립 등은 건설 현장별로 하고 있는데, 공시는 어떻게 시행하나요?

공시대상 사업장은 경영상의 일체를 이루는 기업 그 자체를 말하므로, 장소에 관계없이 하나의 기업으로 볼 수 있다면 본사에서 사업장을 총괄 합산하여 일괄 공시하면 된다.

(2) 기업 임원도 공시 대상 근로자에 포함되나요?

공시 대상 근로자에는 근로기준법상 근로자에 한한다. 업무대표권 및 업무집행권이 있는 기업의 임원은 근로기준법에 의한 근로자라고 볼 수 없어 공시대상에서 제외된다. 다만, 근로기준법상 근로자인지 여부는 그 형식적인 직위, 직급이 아니라 그 실질에 따라 판단해야 하므로, 명칭이 이사, 상무 등이라고 하더라도 실질적인 업무집행권이 없는 경우에는 근로기준법상 근로자로 보아 공시대상에 포함하여야 한다.

(3) 외국인근로자, 해외 사업장 소속 근로자, 임대매장 소속 근로자를 포함하여 공시해야 하나요?

① 외국인근로자

국적과 관계없이 국내에 고용되어 근무하는 경우라면 동일하게

4월
노무·세무

공시대상이 된다.

② 해외 사업장 소속 외국인 근로자

국내회사의 해외 현지법인이 근로자를 고용한 경우 원칙적으로 국내회사와는 분리되는 별개의 법인격으로 보아야 한다. 따라서 국내회사에서 해외 현지법인으로 근로자를 파견하여 국내회사에서 인사 및 노무관리 등을 하고 있는 경우가 아닌 한 외국인 근로자는 국내회사의 상시 근로자 수에는 포함되지 않는다.

다만 현지에서 외국인 근로자를 채용하였더라도 실제 고용 주체가 국내회사로 볼 수 있다면 해당 외국인 근로자를 국내회사의 상시근로자 수에 포함하여 산정하면 된다.(근로기준정책과-4451, 2020.11.9.)

③ 임대매장 소속 근로자

임대료 지불을 주 내용으로 하는 등 임대계약을 체결한 사업주가 고용한 근로자는 공시 대상에서 제외된다.

2 근로계약서 및 연봉계약서 갱신 [노무]

지난 1분기동안 전년도 경영 성과, 개별 평가결과 등을 종합하여 근로자별 임금인상률을 확정하고 나면 변경되는 임금에 대한 협상 또는 협의가 이루어지게 된다. 임금은 근로계약서에 필수로 기재되어야 할 항목 중 하나이기 때문에 그 내용이 변경될 때에는 근로계약서 또는 연봉계약서를 다시 작성 및 교부해야 한다.

매년 임금협상 시기를 거쳐오면서 대부분의 인사담당자는 임금 변경 시 근로계약서(또는 연봉계약서)를 다시 작성해야 한다는 점은 잘 알고 있다. 그런데, 평가 결과에 따라 임금이 삭감되는 경우, 임금이 전년과 동결인 경우, 임금의 총액은 그대로인데 임금 항목별 금액만 변경되는 경우 등에는 근로계약서를 다시 작성해야하는지, 작성해야 한다면 어떻게 해야 하는지 등과 관련하여 어려움을 겪는 경우가 많다. 이하에서는 근로계약서 변경에 관한 기본적인 법적 기준과 함께 근로계약서 갱신과 관련한 실무적인 이슈에 대해 정리해보고자 한다.

1. 근로조건 변경에 따른 근로계약서 재작성

근로기준법 제17조는 임금의 구성항목, 계산방법, 지급방법, 소정근로시간, 휴일, 연차휴가에 관한 사항은 서면으로 명시하여 근로자에게 교부할 것을 정하고 있고, 기간제 및 단시간근로자 보호 등에 관한 법률 제17조는 기간제 및 단시간 근로자와의 근로계약 체결 시 위 사항들에 더하여 근로계약기간과 취업의 장소와 종사하여야 할 업무에 관한 사항 및 근로일 및 근로일별 근로시간(단시간근로자에 한함)을 서면으로 명시하도록 정하고 있다.

근로계약서 필수 서면 명시사항에 해당하는 근로조건이 변경되는 경우에는 근로계약서(연봉계약서)를 재작성하여 근로자에게 교부해야 한다.

(1) 임금의 구성항목, 계산방법, 지급방법

임금을 명시할 때에는 임금을 구성하는 항목(예 : 기본급, 고정연장근로수당, 식대 등), 각 구성항목의 계산방법을 기재해야 하고 임금의 산정기간과 임금지급일을 명시하여야 한다. 간혹 일부 기업의 경우 총 연봉액만 기재하는 경우가 있는데, 연봉의 구성항목과 각 구성항목별 계산방법은 근로계약서에 필수로 명시되어야 하는 부분이므로 명확하게 구분해야 한다.

근로조건 중 임금의 구성항목이 변경(예 : 직책수당, 식대 등을 추가)되거나 구성항목은 유지되나 그 금액이 변경되는 경우(예 : 승진하여 직책수당이 인상되는 경우)에는 근로계약서를 다시 작성하여 교부해야 한다. 연봉계약의 형태로 운영 중인 경우에는 연봉계약서만 작성하여도 무방하다.

참고 [표 1] 임금 구성항목 및 계산방법 작성 예시

적용연봉	50,000,000원			
월 임금액	세부내역			
월 임금액	기본급 (209시간)	직책수당	고정연장근로수당 78시간(할증포함)	식대
4,166,667	2,534,263원	300,000원	1,132,404	200,000

(2) 소정근로시간

법정근로시간(1일 8시간, 1주 40시간)의 범위 내에서 근로자와 사용자가 근무하기로 약정한 시간을 말한다. 소정근로시간을 명시할 때에는 개별 근로자의 시업시간과 종업시간 및 휴게시간을 함께 명시하는 것이 일반적이다.

교대직 근무자 등 매월 스케쥴표에 의해 근무요일과 요일별 근로시간이 변경되는 근로자의 경우에는 각 조별 시업시간과 종업시간 및 휴게시간을 기재한 후, '구체적인 근로일과 근로일별 근로시간은 근무스케줄표에 따른다'는 취지의 단서조항을 두고, 매월 스케쥴표를 근로자에게 교부하는 방법으로 운영하면 된다.

참고 [표 2] 스케줄근무자 소정근로시간 작성 예시

근로일	월요일 ~ 토요일 중 주 5일
근로시간	A조 : 09:00~18:00 B조 : 10:00~19:00 C조 : 11:00~20:00
휴게시간	A조, B조 : 12:00~13:00 C조 : 13:00~14:00
1. 구체적인 근로일과 근로일별 근로시간은 매월 스케줄표에 정한 바에 따른다.	
2. 상기의 근로시간과 휴게시간은 업무상 필요에 의해 변경될 수 있다.	

(3) 휴일 및 휴가

여기서의 휴일이란 근로기준법상 유급휴일로 부여되는 날을 말하고, 휴가란 근로기준법 제60조에 따라 부여되는 연차유급휴가를 말한다. 일부 기업에서는 휴일과 휴가에 관한 사항을 구체적으로 명시하지 않고 '취업규칙에 정한 바에 따른다'고 포괄적으로 정하는 경우가 있는데, 이와 같이 규정할 경우에는 근로계약서 교부 시 휴일과 휴가에 관한 사항을 명시한 취업규칙을 함께 교부해야만 그 효력이 인정될 수 있다. 실무적으로 근로계약서를 교부하면서 취업규칙까지 같이 교부하는 경우는 없으므로, 근로계약서에 간단하게라도 휴일 및 휴가에 관한 사항은 명시할 필요가 있다.

참고 [표 3] 휴일 및 휴가 작성 예시

구분	내용
휴일	1. 일요일을 유급주휴일로 한다. 단 업무상 필요에 따라 다른 날로 대체하여 부여할 수 있다. 2. 근로자의 날, 관공서의 공휴일에 관한 규정에 따른 법정공휴일과 대체공휴일은 유급휴일로 한다.
휴가	1. 1년간 출근율이 80% 이상인 근로자에 대해서는 15일의 연차휴가를 부여하며, 계속근로년수 3년 초과 시 2년에 1일의 가산휴가를 부여한다. 2. 1년간 출근율이 80% 미만이거나 계속근로기간이 1년 미만인 근로자에 대해서는 각 개근한 월에 대해 1일의 연차휴가를 부여한다.

(4) 취업의 장소와 종사하여야 할 업무

실제로 근로자가 근무하게 될 장소와 담당하게 될 업무의 내용을 기재하면 된다. 단, 근로장소나 업무의 내용을 특정할 경우 향후 인사이동 시 근로자의 동의를 얻어야 하는 인사 운영상의 리스크가 있다. 따라서 근무장소 또는 업무의 내용을 정하되, '업무상 필요에 따라 근무장소와 업무의 내용은 변경될 수 있고 근로자는 이에 동의한다'는 취지의 단서조항을 두는 것이 필요하다.

참고 [표 4] 근무장소 및 근무내용 작성 예시

근무장소 및 담당 업무	1. 근로장소 : 2. 근무 내용 : 3. 회사는 업무상 필요한 경우 제1항 및 제2항의 내용을 변경할 수 있고 근로자는 이에 동의한다.

(5) 근로계약기간 및 근로일별 근로시간(기간제 및 단시간근로자)

기간에 정함이 있는 근로계약을 체결하는 경우에는 근로계약기간을 명확히 명시할 필요가 있다. 간혹 근로계약기간을 정하면서 '특별한 사정이 없는 한 근로계약은 자동으로 연장되는 것으로 한다.'고 정하는 경우가 있는데, 해당 규정으로 인해 근로계약기간이 2년을 초과하게 되는 경우에는 해당 근로자를 기간의 정함이 없는 근로자로 보아야하고, 계약기간이 종료되더라도 회사가 임의로 근로계약을 종료할 수 없다.

기간제 근로자 운영 시 회사의 재량권을 확보하기 위해서는 계약기간을 명확히 하고 계약기간이 만료된 때에는 자동으로 근로계약은 종료하는 것을 원칙으로 하는 것이 바람직하다.

참고 [표 5] 근로계약기간 작성 예시

근로계약기간	1. 근로계약기간은 20××.××.××부터 20××.××.××까지로 한다. 2. 본 계약은 제1항이 기간이 만료함에 따라 자동으로 종료한다. 단, 당사자간 합의하는 경우 계약기간을 연장할 수 있다.

2. 근로계약(또는 연봉계약) 갱신 관련 FAQ

(1) 2025년 최저임금 수준에 맞게 임금을 올리는 경우에도 근로자 서명을 받아 근로계약서를 다시 작성해야 하나요?

2025년 최저임금 수준에 맞춰 임금을 인상하는 경우라 하더라도 근로계약서 필수 서면 명시사항인 임금에 관한 사항이 변경되는 것이므로 근로계약서를 다시 작성해야 한다. 단, 임금이 인상되는 경우에는 변경되는 임금 수준을 명시한 근로계약서를 근로자에게 교부하기만 하면 되고, 근로자의 동의까지 얻을 필요는 없다.

(2) 임금 수준은 유지하면서 임금항목에 식대를 추가하려고 하는데, 이 경우에도 근로계약서 재작성이 필수인가요?

임금 수준은 기존과 동일하게 유지하면서 임금항목에 식대를 추가하는 경우에는 임금의 구성항목, 구성항목별 금액이 변경되므로 근로계약서를 다시 작성해야 한다. 단 임금의 총액을 유지하면서 식대항목을 추가하는 경우에는 기본급이 낮아지게 되고, 기본급을 기준으로 성과급, 수당 등을 지급하고 있다면 이러한 변경은 근로자의 근로조건 불이익 변경에 해당하므로 취업규칙 변경절차에 준하여 근로자의 과반 동의를 얻어야 한다.

(3) 연봉계약서에 정한 연봉적용기간이 만료되면 연봉계약서를 다시 써야 하나요?

연봉적용기간이 만료된 후에 별도로 연봉계약을 다시 하지 않으면 기존의 계약 자동으로 갱신된 것으로 본다. 따라서 근로계약서 필수 서면 명시사항에 해당하는 임금의 구성항목, 계산방법, 지급방법 등이 변경되지 않는다면 연봉계약기간 만료로 연봉계약서는 다시 쓰지 않아도 무방하고, 이 경우 임금은 기존의 임금수준이 그대로 유지되는 것으로 보면 된다.

(4) 근로자에게 근로계약서를 교부했다는 사실은 어떻게 증명하나요?

근로계약서 교부대장을 두고 근로계약서 작성 시마다 근로자의 서명을 받거나, 근로계약서에 교부받았음을 확인하는 별도의 규정을 두는 방법을 활용할 수 있다. 후자의 방법으로 교부사실을 증명하고자 한다면, 근로계약서 하단에 '근로계약서를 교부받았음을 확인한다'는 취지의 규정을 두고 서명하도록 하면 된다.

(5) 근로자가 변경되는 연봉계약서에 동의하지 않는 경우에는 어떻게 해야 하나요?

전년보다 연봉액을 삭감하는 형태로 근로조건을 제시하였으나 근로자가 동의하지 않는다면 임금 수준은 기존에 적용받던 연봉으로 유지해야 한다. 근로자가 연봉협상에 동의하지 않는다는 이유로 징계하거나 해고하는 등의 불이익을 주는 것은 불가능하다. 다만, 취업규칙에 성과평가 결과에 따라 임금 수준이 삭감될 수 있는 형태의 임금제도를 도입하여 운영하고 있다면 연봉삭감이 이루어지더라도 근로자의 동의를 받을 필요는 없다.

3 세무관리 주요 업무

1. 2025년 1기 부가가치세 예정신고 납부(25일)

(1) 주요내용

사업자 유형별로 1기 부가가치세 예정신고·납부 절차를 정리하면 다음과 같다.

① 법인사업자

구분	계속사업자	신규사업자	예정신고·납부기한
제1기 예정신고기간	1월 1일 ~3월 31일	사업개시일 ~3월 31일	4월 25일까지

직전 과세기간 공급가액의 합계액이 1억5천만원 미만인 법인사업자는 직전 과세기간에 대한 납부세액의 50%로 결정하여 고지·납부함으로써 예정신고를 갈음할 수 있다.

② 개인사업자

개인사업자는 직전 과세기간에 대한 납부세액[15]의 1/2에 상당

15) 직전과세기간에 대한 납부세액은 신용카드매출전표 등 발행세액공제, 전자세금계산서 발급 세액공제 등을 차감하고 가산세가 있는 경우 이를 가산한 금액으로 한다.

하는 금액을 예정고지세액으로 결정하여 납부하고 예정신고를 하지 않는 것이 원칙이며, 환급 등으로 직전 과세기간에 납부세액이 없거나 예정신고 기간의 신규 사업자의 경우 예정신고 없이 확정신고를 하면 된다.

(2) 유의사항

개인사업자와 예정고지 대상 법인사업자의 경우, 예정고지세액이 50만원 미만인 경우 징수 하지 않으며 사업부진 또는 휴업으로 인하여 예정신고기간의 공급가액 또는 납부세액이 직전과세기간의 공급가액 또는 납부세액의 1/3에 미달하거나 예정신고기간분에 대해 조기환급을 받고자 하는 경우에는 예정고지세액을 무시하고 예정신고를 할 수 있다.

또한, 예정신고시 일반 미환급세액은 환급하지 않고 확정신고시 납부할 세액에서 공제함을 유의해야 한다.

5월 노무 / 세무 주요 업무

- 근로자의 날 노무관리 유의사항 **[노무]**

- 2024년 귀속 종합소득세 확정신고 납부 **[세무]**
- 2024년 귀속 양도소득세 확정신고 납부 **[세무]**
- 주식(국외주식, 파생상품포함) 양도소득세 확정신고 납부 **[세무]**

1 근로자의 날 노무관리 유의사항 [노무]

매년 5월 1일은 근로자의 날이다. 대부분의 인사 담당자들은 근로자의 날을 유급휴일로 부여해야 한다는 것은 알지만 고용형태별로 어떻게 적용해야 하는지, 근로자의 날에 대한 수당은 어떻게 산정해야 하는지, 수당을 지급하는 것 외에 다른 관리방안은 없는지 등과 같은 실무적인 이슈에 대해서는 잘 모르거나 어려워 하는 경우가 많다. 이에 근로자의 날 노무관리방안을 자주 묻는 질문(FAQ) 형태로 정리하였다.

1. 근로자의 날 : 근로자의 날 제정에 관한 법률에 따라 부여되는 유급휴일

근로자의 날은 근로자의 날 제정에 관한 법률에 근거하여 근로기준법에 따른 유급휴일로 정해진 날이다. 유급으로 부여되는 휴일이기는 하지만, 별도의 법령에 의해 특정한 날(5/1)로 해진 '법정기념일' 이라는 점에서 주휴일이나 법정공휴일과는 그 의미를 달리한다.

다만, 근로기준법에 따른 유급휴일에 해당한다는 점에서 근로자가 근로자의 날에 근무하지 않더라도 주휴일과 법정공휴일과 동일하게 소정근로시간만큼의 수당을 지급해야 하고, 근무한 경우에

5월 노무·세무

는 휴일근로로 보아 가산수당을 추가로 지급해야 한다.

2. 근로자의 날 임금 산정 방법

근로자의 날에 대해서는 고용형태와 관계없이 1일 소정근로시간만큼 유급으로 휴일을 부여해야 한다. 즉, 1일 소정근로시간이 8시간인 근로자라면 8시간에 해당하는 임금을, 1일 소정근로시간이 3시간인 근로자라면 3시간에 해당하는 임금을 지급해야 한다.

월급제 근로자의 경우에는 월 임금에 유급휴일에 대한 수당까지 포함되어 있으므로 별도로 수당을 지급할 필요가 없다. 반면, 일 단위 또는 시간 단위로 임금을 산정하여 지급하는 일급제 · 시간제 근로자의 경우에는 해당 일까지 임금 산정을 위한 일수에 포함하여 임금을 지급해야 한다.

3. 근로자의 날과 실무 이슈에 관한 FAQ

(1) 임금 산정

① 월급제 근로자가 5/1일에 10시간 근무한 경우 수당은 어떻게 산정하나요?

근로자의 날의 근로는 근로기준법 제56조에 따른 휴일근로에 해당하므로 가산수당을 별도로 지급해야 한다. 근무하지 않더라도 지급되는 임금 100%는 이미 월 임금에 포함되어 있으므로 별도로 지급하지 않아도 된다.

휴일근로수당은 실제 근로자가 근로한 시간에 통상시급을 곱한 후 1.5배를 가산하여 산정하면 된다. 이때, 8시간을 초과하여 근로했다면 그 초과한 시간은 휴일'연장'근로에 해당하므로 2배를 가산(휴일 50%+연장 50% 가산)해야 한다. 즉, 8시간에 대해서는 통상임금의 150%를 지급하고 2시간에 대해서는 통상임금의 200%를 지급해야 한다.

② 시급제 근로자가 근로자의 날에 근무하였을 경우 수당은 어떻게 산정하나요?

근로자의 날은 유급휴일이므로 시급제가 근로자의 날에 근무하였다면 근무하지 않았어도 지급해야 할 임금 100%와 휴일근로에 따라 지급해야 하는 임금 150%, 총 250%를 지급해야 한다.

반면, 시급제 근로자가 근로자의 날에 근무하지 않았을 경우에는 임금 100%만 지급하면 되고, 이때 임금 산정의 기준이 되는 시간은 해당 근로자의 소정근로시간이다.

③ 24시간 격일제 근무자의 경우 근로자의 날에 대한 유급휴일수당을 어떻게 산정하나요?

격일제 근무자는 근무일 다음의 휴무일(비번일)은 전일의 근무를 전제로 주어지는 것이므로, 격일제 근무자에게 지급하여야 할 유급휴일수당은 근무일의 절반에 해당하는 12시간분의 임금을 지급하면 된다.

④ 2일에 걸쳐 근무하는 교대제 근로자가 5/1~5/2일에 근무한 경우에는 5/1일에 근무한 시간에 대해서만 휴일근로수당을 주면 되나요?

해당 일의 근로가 휴일근로에 해당하는지 여부는 근로가 시작된 날을 기준으로 판단한다. 교대제 근무자가 근로자의 전날부터 근무하여 그 다음 날까지 근무한 경우라면 근로자의 날 근무가 연장된 것으로 보아 전체 근로시간에 대해 휴일근로수당을 지급해야 한다(이때 1일 8시간을 초과하는 시간에 대한 연장근로수당과 야간(22:00~06:00)시간대에 이루어진 근로에 대해서는 각각 가산하여 지급한다.).

반면, 근로자의 날 전날 근무 하게 되면 근로자의 날 당일까지 일정시간 근무하게 되는데, 이는 전날의 근무가 연장된 것으로 보아 휴일근로수당 지급의무가 없다.

(2) 고용형태별 근로자의 날 관리

① 근로자의 날에만 근무할 일용직을 채용했는데, 휴일근로로 보아 가산수당을 줘야 하나요?

유급휴일은 계속적인 근로제공에서 오는 피로회복의 기회를 제공하기 위해 마련된 제도이다. 이러한 휴일의 취지를 고려하여 1일 단위로 근로관계를 맺는 일용근로자는 근로자의 날을 포함한 법정 휴일이 적용되지 않는다. 따라서 근로자의 날에만 근무하는 경우라면 가산수당을 지급할 필요가 없다.

그러나, 형식적으로 일용근로계약을 반복하여 체결할 뿐 근로자의 날을 전후하여 계속 근로하고 있는 자라면 근로자의 날을 유급휴일로 부여해야 한다.

참고 행정해석 : 근로개선정책과-6257, 2014.11.12.

근로자의 날은 평상적인 근로관계를 전제로 근로계약 기간 내에 있어야 유급휴일로 될 수 있는 바, 일일단위로 근로계약이 체결되는 일용근로자의 경우 원칙적으로 유급휴일 부여문제가 발생하지 않는다 할 것입니다. 다만 근로계약을 반복 갱신해 근로자의 날을 전후해 계속 근로한 것으로 인정될 수 있는 경우라면 그 기간 내 포함된 근로자의 날에 대해서는 유급휴일을 부여해야 할 것이므로(근기 68207-2505, 2001.8.6. 참조), 이에 대해서는 근로계약 및 근로실태 등에 대한 구체적 사실관계를 검토해 판단해야 할 것으로 사료됩니다.

② 주 15시간 미만 근로자인데 근로자의 날을 유급휴일로 부여해야 하나요?

4주를 평균한 1주간의 근로시간이 15시간 미만인 초단시간 근로자는 주휴일과 법정공휴일은 적용되지 않지만, 근로자의 날은 적용된다. 따라서 주 15시간 미만 근로자라 하더라도 근로자의 날은 유급휴일로 부여해야 한다.

③ 고용노동부의 승인을 받은 감시·단속적 근로자는 근로자의 날도 적용 제외되나요?

감시·단속적 근로자로서 고용노동부의 승인을 받은 자는 근로기준법 제4장 및 제5장에서 정하는 근로시간, 휴일·휴게에 관한 규정이 적용되지 않는다. 다만, 근로자의 날은 근로기준법이 아닌 근로자의 날 제정에 관한 법률에 의해 특정일을 기념하여 휴일로 지정된 날이므로, 감시·단속적 근로자라 하더라도 유급휴일로 부여해야 한다.

단, 근로기준법에 정한 가산수당 지급 의무는 적용 제외되므로, 감시·단속적 근로자가 근로자의 날에 근무한 경우에는 근로자의 날에 근무하지 않더라도 지급되는 임금 100%와 근로자의 날 근로에 대한 휴일근로수당100%, 총 200%의 임금을 지급하면 된다.

(3) 기타 이슈

① 근로자의 날에 연차휴가를 사용하여 휴무하도록 해도 되나요?

연차유급휴가제도는 근로제공 의무가 있는 날에 사용하여 그 지급 의무를 면제받는 제도이다. 근로자의 날은 본래 근로제공의무가 없는 날이므로 연차유급휴가를 사용하여 휴무하도록 할 수 없다.

② 근로자의 날이 다른 휴일과 중복되는 경우에는 각각의 유급휴일로 보아야 하나요?

근로자의 날이 다른 유급 휴일과 중복되더라도 단체협약·취업규칙 등에서 유급휴일을 추가로 부여한다는 규정이 없는 한 근로자에게 유리한 하나의 휴일만 인정하면 된다.

③ 근로자의 날이 무급휴무일과 중복되는 경우에는 어떻게 처리해야 하나요?

고용노동부는 무급휴무일이라 하더라도 근로자의 날과 중복되는 경우에는 통상 1일의 근로를 제공하였을 때 지급해야 할 임금 100%를 지급해야 한다는 입장이다.

반면, 매월 고정적인 임금을 지급받는 월급제 근로자는 당해 월의 소정근로일수나 유급휴일 수 또는 근로자의 날이 월요일부터 일요일 사이의 어느 날에 속하는지와 관계없이 소정의 월급액을 지급하면 되고 별도 수당을 지급할 필요는 없다.

참고 행정해석 : 근로개선정책과-1113, 2011.5.4.

근로기준법 제55조에 따른 휴일은 토요일이고 근로자의 날인 일요일이 무급휴무일인 경우라면, 근로자의 날은 법정휴일이고 해당 일에 근로제공이 없더라도 임금을 지급하여야 하므로 당해 사업(장)의 통상의 1일 근로를 제공하였을 때 지급해야 할 임금(4만 원)을 지급하고 휴일을 부여해야 할 것으로 사료됩니다

④ 상시 근로자가 3인인 사업장에서도 근로자의 날을 유급휴일로 부여해야 하나요?

사업장의 규모와 관계없이 근로자의 날은 유급휴일로 부여해야 한다. 단, 상시 5인 미만 사업장은 휴일근로에 대한 가산수당이 적용 제외되므로, 근로자의 날에 근무하였더라도 유급휴일에 대해 당연히 지급되는 임금 100%와 휴일근로에 대한 수당 100%, 총 200% 수당만 지급하면 된다.

⑤ 근로자대표와 보상휴가제도 및 휴일대체제도에 대한 서면합의를 하였는데, 근로자의 날에 대해서도 수당 대신 휴가를 부여하거나 다른 날에 대체해서 쉬도록 할 수 있나요?

보상휴가제도는 근로자대표와 서면합의를 통해 연장·야간·

휴일근로에 대해 임금을 지급하는 것을 갈음하여 휴가를 주는 제도이다. 따라서 근로자의 날을 비롯한 유급휴일에 근로한 경우 휴일근로수당을 지급하는 대신 휴가를 부여할 수 있다.

반면, 근로자대표와 서면합의를 하였더라도 근로자의 날은 법률로서 특정한 날을 유급휴일로 정하고 있어 다른 날에 대체해서 쉬도록 할 수 없고, 다른 날에 쉬도록 하였더라도 근로자의 날의 근로는 휴일근로로 보아 가산수당을 지급해야 한다.

2 세무관리 주요 업무

1. 2024년 귀속 종합소득세 확정신고 납부(31일)

(1) 주요내용

2024년도에 사업소득(부동산임대소득 포함)이 있거나 종합소득이 있는 거주자는 그 종합소득 과세표준을 그 과세기간의 다음 연도 5월 1일부터 5월 31일까지 신고·납부하여야 하며, 종합소득세 계산구조를 요약하면 다음과 같다.

<table>
<tr><th colspan="2">계산구조</th><th>내용</th></tr>
<tr><td colspan="2">종합소득금액</td><td>◦ 이자·배당,사업,근로,기타,연금소득</td></tr>
<tr><td colspan="2">소득공제 계</td><td>◦ 인적공제, 연금보험료공제 등</td></tr>
<tr><td colspan="2">과세표준</td><td></td></tr>
<tr><td colspan="2">세율</td><td>◦ 과세표준 구간별 6%~45%</td></tr>
<tr><td colspan="2">산출세액</td><td></td></tr>
<tr><td colspan="2">세액감면·공제</td><td>◦ 「소득세법」과 「조세특례제한법」에 규정</td></tr>
<tr><td rowspan="2">결정
세액</td><td>종합과세</td><td></td></tr>
<tr><td>분리과세</td><td>◦ 분리과세 주택임대소득</td></tr>
<tr><td colspan="2">가산세</td><td>◦ 지급명세서 제출불성실 가산세, 무기장 가산세 등</td></tr>
<tr><td colspan="2">추가납부세액</td><td>◦ 세액감면·공제 사후관리에 따른 추가납부 등</td></tr>
<tr><td colspan="2">기납부세액</td><td>◦ 중간예납세액
◦ 수시부과세액
◦ 원천징수세액</td></tr>
<tr><td colspan="2">납부(환급)할 세액</td><td></td></tr>
</table>

(2) 세무관리 유의사항

① 다음의 소득만 있는 자는 종합소득세 확정신고를 하지 않을 수 있다.

- 근로소득 또는 퇴직소득만 있는 자
- 공적연금소득 또는 퇴직소득만 있는 자
- 연말정산 대상 사업소득만 있는 자
- 분리과세 이자·배당소득, 분리과세 기타소득, 분리과세 연금소득만 있는 자

② 사업소득자의 경우, 업종별로 수입금액 기준에 따라 다음의 표와 같이 기장의무와 추계신고 시 경비율 적용여부가 달라지게 된다.

직전연도 사업소득 수입금액	장부신고자		추계신고자	
업종	복식부기 의무자	간편장부 대상자	기준경비율 대상자	단순경비율 대상자
농업, 도소매업, 부동산매매업 등	6천만원 이상	6천만원 미만	3억원 이상	3억원 미만
제조업, 숙박 음식점업, 건설업, 주거용건물공급업, 금융 및 보험업 등	3천6백만원 이상	3천6백만원 미만	1억5천만원 이상	1억5천만원 미만
부동산임대업, 전문과학 및 기술서비스업, 기타 개인서비스업 등	2천4백만원 이상	2천4백만원 미만	7천5백만원 이상	7천5백만원 미만

반면에, 해당 과세기간에 신규사업자의 경우 단순경비율과 간편장부를 적용받을 수 있지만, 신규사업자라도 해당연도 수입금액이 복식부기 기준 수입금액 이상인 경우 기준경비율을 적용하며 의료업,변호사업 등 전문직 사업자는 수입금액과 무관하게 복식부기 의무자임을 유의하여야 한다.

또한, 추계신고시에는 무기장 가산세가 적용되나, 해당 과세기간에 신규사업자이거나 직전 과세기간의 사업소득 수입금액이 4천800만원에 미달하는 사업자는 가산세 적용이 제외된다.

둘 이상의 사업장이 있는 경우 기준 수입금액 판단은 주업종 기준 수입금액으로 환산하여 판단하도록 규정하고 있으며, 간편장부대상자가 복식부기로 신고하는 경우 기장세액공제를 받을 수 있다.

이처럼 종합소득세는 신고유형별로 다양한 전략을 통해 절세 수립이 가능한 세목임을 기억해두길 바란다.

2. 2024년 귀속 양도소득세 확정신고 납부(31일)

(1) 주요내용

소득종류	법정 확정신고기한
토지, 건물, 부동산에 관한 권리, 기타자산, 신탁 수익권	양도일이 속하는 연도의 다음연도 5.1~5.31일까지
주식 또는 출자지분	양도일이 속하는 연도의 다음연도 5.1~5.31일까지(국외주식, 파생상품 포함)

(2) 세무관리 유의사항

다만, 1건의 양도소득만 있는 자가 예정신고를 마친 경우에는 확정신고 의무가 없으나, 해당연도에 부동산 등을 여러 건 양도한 경우에는 확정신고를 하여야 한다.

주식 등의 경우 예정신고를 한 경우 확정신고 의무는 없으나, 다음의 경우는 확정신고 의무가 있음에 유의해야 한다.

① 누진세율 적용대상 주식등에 대한 예정신고를 2회 이상 한 자가 이미 신고한 양도소득금액과 합산하여 예정신고를 하지 아니한 경우

② 주식 등을 2회 이상 양도한 경우로서 양도소득 기본공제의 적용 순위로 인하여 당초 신고한 양도소득 산출세액이 달라지는 경우

6월 노무 / 세무 주요 업무

- 연차휴가 사용 촉진계획 수립 **[노무]**

- 원천세 반기별 납부 신청기한 **[세무]**
- 성실신고확인대상사업자 종합소득세 확정신고 납부 **[세무]**

1 연차휴가 사용 촉진계획 수립 [노무]

회계연도를 기준으로 연차휴가를 관리하는 사업장은 매년 7월 연차휴가 사용촉진조치를 실시하므로 사전에 연차휴가 사용촉진조치를 위한 계획을 수립한다. 연차휴가 사용촉진조치가 유효하기 위해서는 법령에 정한 절차에 맞춰 촉진조치를 실시하는 것 뿐만 아니라 휴가일로 지정된 날에 출근한 근로자에 대해서는 명확하게 노무수령 거부의사를 표시하여야 하는데, 노무수령 거부의 필요성이나 실시방법에 대해 잘 모르는 경우가 많다.

연차휴가 사용촉진조치가 유효하기 위해서는 노무수령 거부조치도 함께 이루어져야 하는 바, 연차휴가 사용촉진 조치를 위한 계획을 수립할 때에는 시기에 맞춰 사용촉진조치를 하는 것에 더하여 휴가일에 출근한 근로자를 관리하는 방안 역시 고려하여야 한다.

1. 연차휴가 사용촉진제도의 도입

연차휴가 사용촉진제도는 근로자별로 휴가의 사용기한이 만료되기 전에 근로자에게 사용하지 않은 연차휴가일수를 알려주고 기한 내에 사용할 수 있도록 사용을 촉구하는 제도이다. 연차휴가 사용촉진제도는 법령에 따라 실시가 가능하므로 취업규칙 등에 관련 규정을 명시하고 있지 않더라도 연차휴가 촉진제도의 도입·시행이 가능하다. 단, 단체협약 등으로 사용자의 일방적인 연차유급휴가 사용 촉진조치를 금지하거나 노·사 간의 합의 또는 협의 하에 조치가 이루어질 것을 규정하고 있는 경우에는 그에 따라야 하고 회사가 임의로 연차휴가 사용촉진제도를 도입할 수 없다.

2. 연차휴가 사용촉진 절차

근로기준법 제61조는 ① 근로자에게 현재까지 미사용한 휴가일수를 통보하고 그 사용 시기를 지정하여 통보하도록 한 후, ② 근로자가 기간 내 휴가의 사용시기를 지정하지 않을 경우 ③ 해당 근로자에게 미사용한 연차휴가의 사용시기를 지정하여 통보하도록 정하고 있다.

연차휴가 사용촉진조치의 시기는 근로자의 계속근로기간이 1년 이상인지 미만인지에 따라 달리 적용된다.

(1) 계속근로기간이 1년 이상인 근로자

연차휴가의 사용기간 만료 6개월 전을 기준으로 10일 이내에 미사용 연차휴가일수를 근로자에게 알리고 근로자로 하여금 사용자에게 휴가사용의 시기를 정하여 통보하도록 서면으로 고지한다. 근로자가 사용자의 휴가사용시기 지정요구가 있었던 날부터 10일 이내에 지정하지 않으면 사용자가 휴가사용기간 만료 2개월 전까지 그 사용시기를 지정하여 근로자에게 서면으로 통보한다.

참고 [표 1] 계속근로기간 1년 이상 근로자에 대한 사용촉진절차

구분		시기	주체	방법
①	원칙	휴가사용기간 종료 6개월 전 기준 10일 이내	회사	개인별 미사용 연차휴가일수 통보 및 휴가사용계획서 제출 요구
	(예시) 회계연도	2025.7.1.~2025.7.10.		
②	원칙	1차 촉진을 받은 때부터 10일 이내	근로자	회사에 휴가사용계획서 제출
	(예시) 회계연도	2025.7.11.~2025.7.20.		
③	원칙	휴가사용기간 종료 2개월 전까지	회사	휴가사용계획서 미제출자를 대상으로 휴가사용일 지정. 통보
	(예시) 회계연도	2025.7.21.~2025.10.31.		

(2) 계속근로기간이 1년 미만인 근로자

최초 1년의 근로기간이 끝나기 3개월 전을 기준으로 10일 이내에 미사용휴가일수를 근로자에게 알리고 근로자로 하여금 사용자에게 휴가사용의 시기를 정하여 통보하도록 서면으로 고지한다. 1차 촉구 이후 발생한 연차휴가에 대해서는 최초 1년의 근로기간이 끝나기 1개월 전을 기준으로 5일 이내에 근로자에게 서면으로 통보한다.

근로자가 사용자의 휴가사용시기 지정요구가 있었던 날부터 10일 이내에 지정하지 않으면 최초 1년의 근로기간이 끝나기 1개월 전까지 사용자가 그 사용시기를 지정하여 근로자에게 서면으로 통보한다. 이때 1차 촉구 이후 발생한 연차휴가에 대해서는 최초 1년의 근로기간이 끝나기 10일 전에 근로자에게 서면으로 통보한다.

참고 [표 2] 계속근로기간 1년 미만인 근로자에 대한 사용촉진절차(최초 9일)

구분		시기	주체	방법
①	원칙	최초 1년의 근로가 끝나기 3개월 전 기준 10일 이내	회사	개인별 미사용 연차휴가일수 통보 및 휴가사용계획서 제출 요구
	(예시) 회계연도	2025.10.1.~2025.10.10.		
②	원칙	1차 촉진을 받은 때부터 10일 이내	근로자	회사에 휴가사용계획서 제출
	(예시) 회계연도	2025.10.11.~2025.10.20.		
③	원칙	최초 1년의 근로가 끝나기 1개월 전까지	회사	휴가사용계획서 미제출자를 대상으로 휴가사용일 지정. 통보
	(예시) 회계연도	2025.10.21.~2025.11.30.		

참고 [표 3] 계속근로기간 1년 미만인 근로자에 대한 사용촉진절차(잔여 2일)

구분		시기	주체	방법
①	원칙	최초 1년의 근로가 끝나기 1개월 전 기준 5일 이내	회사	개인별 미사용 연차휴가일수 통보 및 휴가사용계획서 제출 요구
	(예시) 회계연도	2025.12.1.~2025.12.5.		

②	원칙	1차 촉진을 받은 때부터 10일 이내	근로자	회사에 휴가사용계획서 제출
	(예시) 회계연도	2025.12.6.~2025.12.15.		
③	원칙	최초 1년의 근로가 끝나기 10일 전까지	회사	휴가사용계획서 미제출자를 대상으로 휴가사용일 지정. 통보
	(예시) 회계연도	2025.12.16.~2025.12.21.		

3. 노무수령 거부조치

(1) 명시적인 방법으로 노무수령 거부의사 통보

노무수령 거부를 어떻게 해야 유효한지 등에 대해 근로기준법은 정하고 있는 바가 없다, 고용노동부는 ▲업무수행 및 근태관리에 대한 지시 및 통제, ▲노무수령 거부의사 방법의 명확성, ▲출근사유가 업무수행과 긴밀한 관련이 있는지 등 구체적인 사실관계를 종합적으로 고려하여 실질적인 노무수령 거부가 있었는지 여부를 판단해야 한다는 입장이다. 이에 대한 입증책임에 관한 사항도 법령에 정해진 바는 없지만 고용노동부의 판단기준에 비추어 볼 때 결국 명확한 노무수령 거부의사가 있었는지는 회사가 입증해야 한다고 볼 수 있다. 회사는 추후 발생할 수 있는 분쟁에 대비하기 위하여 노무수령 거부의사 표시를 객관적인 자료 등을 통해 남겨둘 필요가 있다.

노무수령 거부방법으로는 PC-OFF 제도 활용, 사내 인트라넷 또는 이메일 시스템의 접근 제한 등을 활용하기도 하며, 시스템상 운영이 어렵다면 연차휴가 통지서를 해당 근로자의 자리에 올려두거나 휴가 전일과 휴가 당일 각각 메신저를 통해 연차휴가 사용일이므로 해당 일은 근로를 제공할 의무가 없다는 취지의 문자메시지를 전송하는 방법도 고려해볼 수 있다.

(2) 업무지시 금지

노무수령 거부의사를 전달하는 것만큼 중요한 것은 휴가일로 지정된 날 출근한 근로자에게 업무지시를 하지 않는 것이다. 회사는 휴가로 지정된 날에 출근한 근로자가 결재 또는 업무 이메일 수발신, 부서 내외 협업 등의 업무를 수행하지 않도록 관리할 필요가 있다.

4. 연차휴가 사용촉진제도 관련 FAQ

(1) 사용촉진제도의 적용

① 취업규칙에 연차사용 촉진제도에 관한 사항을 추가하려고 하는데, 근로자 과반수의 동의를 얻어야 하나요?

앞서 설명한 바와 같이 연차휴가 사용촉진제도는 취업규칙에 정함이 없더라도 법령에 따라 시행이 가능하다. 따라서 취업규칙에 연차사용촉진제도를 시행한다는 규정을 새롭게 추가하더라도 이는 취업규칙 불이익 변경에 해당하지 않으므로 근로자 과반의 동의를 받을 필요가 없다. 단, 취업규칙을 변경하는 것이므로 근로자 과반수의 의견청취 절차는 거쳐야 한다.

② 특정 부서만 사용촉진 조치 대상에서 제외할 수 있나요?

연차휴가 사용촉진은 동일한 사업 또는 사업장 내의 모든 근로자를 대상으로 실시하는 것이 바람직하다. 다만, 직종 또는 근로형태 등을 고려하여 특정 부서 소속 근로자에 대해서만 휴가 사용 촉진의 적용 대상에서 제외하는 것도 가능하다.

③ 근로계약기간을 6개월로 정한 기간제 근로자에 대해서도 연차휴가 사용촉진조치를 할 수 있나요?

근로기준법 제61조는 1년 미만 근로자의 연차휴가 사용촉진조

6월 노무·세무

치의 기준을 '최초 1년의 근로가 끝나는 날'로 보고 있다. 따라서 계약기간이 1년 미만인 계약직 근로자에 대해서는 연차휴가 사용촉진제도가 적용되지 않는다.

단, 현재 체결된 근로계약상 계약기간은 1년 미만이더라도, 해당 계약을 전후하여 근로계약이 갱신되거나 연장되어 근로계약기간이 1년 이상 계속된다면 사용촉진 조치를 실시할 수 있다.

④ 휴직 중인 근로자에 대해서도 연차휴가 사용촉진조치를 할 수 있나요?

근로자가 휴직 등의 사유로 연차휴가 사용 기간 내에 그 사용시기를 지정할 수 없거나 사용자가 미사용 연차휴가의 사용시기로 지정한 날에 근로자가 휴직을 실시하게 되는 경우, 해당 일은 이미 휴직 등으로 노무제공의무를 면제받은 날로서 연차휴가를 소진할 수 없으므로 연차휴가 사용촉진조치의 효력이 인정될 수 없다.

(2) 사용촉진조치 방법

① 이메일로 연차휴가 사용촉진조치를 할 수 있나요?

근로기준법 제61조에 따르면 연차휴가 사용촉진조치는 서면으로 하는 것이 원칙이다. 고용노동부는 이메일 등을 통해 사용촉진조치를 한 경우, 근로자가 메일을 확인하지 않는 등 '서면'으로 통지되는 것에 비해 도달여부가 불명확한 경우에는 법령에 따른 조치가 있었다고 보지 않는다.

반면 회사 내 전자결재체계를 완비하여 도달여부를 확인할 수 있거나, 평소에도 직원들과 전산시스템을 통한 이메일로 소통을 해 왔고, 연차휴가 사용촉진 이메일에 연차휴가 사용 촉진 관련 서면이 별도의 첨부파일로 첨부되어 있다면 이메일을 이용한 사용촉진 조치도 적법한 것으로 인정될 수 있다.

② 연차휴가 사용 촉진조치를 사내 게시판의 공고를 통해 일률적으로 할 수 있나요?

근로기준법 제61조는 연차휴가의 사용 통보시 근로자별로 사용촉구를 하도로 규정하고 있으므로 연차휴가의 사용촉진 조치는 개별 근로자를 기준으로 이루어져야 유효하다. 즉 사내 공고 방식을 활용하는 것은 개별 근로자에 대한 통보가 아니므로 유효한 사용촉진조치로 볼 수 없다.

③ 미사용 연차휴가 일수의 일부에 대해서만 사용촉진을 하는 것도 가능한가요?

미사용 연차휴가 일수 중 일부에 대해서만 사용촉진을 하는 것도 가능하다. 이 경우, 사용촉진을 하지 않은 나머지 휴가일수에 대해서는 여전히 수당지급의무를 부담한다.

(3) 사용촉진 대상이 되는 연차휴가

① 당사자간 합의에 따라 이월하여 사용하기로 정한 휴가에 대해서도 사용촉진조치를 할 수 있나요?

근로기준법은 연차휴가 사용촉진을 연차휴가의 법정 사용기간[16] 내에 실시할 것을 정하고 있다. 따라서 그 사용시기가 이미 종료된 이월 연차휴가에 대해서는 사용촉진조치를 하더라도 그에 대한 금전보상의무를 면제받을 수 없다.

단, 사용촉진조치를 하는 것 자체는 가능하므로 실무적으로는 해당 연차휴가를 포함하여 사용촉진을 하되, 사용촉진 이후 미사용한 이월 연차휴가에 대해서는 수당을 지급하기도 한다.

② 회계연도 기준 중도입사자 2년차에 부여되는 연차휴가에 대해서도 사용 촉진이 가능한가요?

회계연도를 기준으로 연차휴가를 관리할 경우 만 1년이 되지 않더라도 근속기간에 비례하여 휴가 등을 부여한다. 이렇게 부여되는 연차휴가는 근로기준법 제60조제1항에 따라 발생하는 연차에 해당하는 것이므로 사용촉진조치도 가능하다.

---

16) 발생일로부터 1년 (1년 미만 근로자에게 발생한 연차휴가는 최초 1년의 근로가 끝나는 날까지)

③ 신규입사자에게 발생한 1년 미만 연차휴가에 대해 회계연도를 기준으로 사용촉진조치를 할 수 있나요?

신규입사자에 대한 연차휴가 사용촉진조치는 최초 1년의 근로기간이 끝나는 날을 기준으로 모든 조치가 이루어져야 미사용연차에 대한 보상의무를 면제받을 수 있다. 따라서 회계연도를 기준으로 연차휴가를 관리하고 있더라도, 신규입사자에 대한 1년 미만 연차휴가에 대해 회계연도를 기준으로 사용촉진조치를 할 수는 없다.

(4) 기타 이슈

① 휴가사용계획서 제출로 확정된 휴가사용일을 변경할 수 있나요?

원칙적으로 근로자는 사전에 지정된 휴가일에 휴가를 사용하여야 한다. 다만, 사용자의 동의가 있는 경우에는 그 사용시기를 변경할 수 있다.

② 근로자가 중도에 퇴사한 경우 미사용한 연차휴가에 대해서는 수당지급 의무를 면할 수 있나요?

근로기준법 제61조에 따라 이루어지는 연차휴가 사용촉진조치는 법령에 따른 조치를 모두 하였음에도 근로자가 사용하지 않아 소멸한 경우에 한하여 보상의무가 면제된다.

중도퇴사자는 연차휴가의 사용기간이 도래하기 전에 사용자와의 근로관계가 종료된 자로 정상적으로 사용촉진조치가 이루어졌다고 볼 수 없으므로 퇴직 시점에 미사용한 연차휴가에 대해서는 수당으로 보상해야 한다.

③ 적법한 절차를 거쳐 사용촉진조치를 한 후 미사용한 연차휴가를 소멸하지 않고 이월하여 사용하도록 할 수 있나요?

고용노동부는 연차휴가 사용촉진조치가 있는 경우 해당 연차휴가에 대한 보상의무는 소멸되지만, 노사 합의로 정한 사용기간까지는 여전히 사용 가능하다고 본다.[17] 따라서 연차휴가 사용촉진조치 후에도 미사용한 연차에 대해 이월하여 사용하도록 하는 것도 가능하다.

17) 임금근로시간과-1279, 2020.6.16.

2 세무관리 주요 업무

1. 원천세 반기별 납부 신청기한(30일)

(1) 주요내용

직전연도(신규사업자의 경우 신청일이 속하는 반기를 말한다.)의 상시고용인원이 20명 이하인 원천징수의무자는 반기별로 납부하고자 하는 반기의 직전월의 1일부터 말일까지 원천징수 관할세무서장에게 신청할 수 있으며, 관할세무서장은 다음 달 말일까지 승인 여부를 결정하여 통지하여야 한다. 이 경우 기한 내에 승인 여부를 통지받지 못한 경우에는 승인 받은 것으로 간주한다.

2. 2024년 귀속 성실신고확인대상 사업자 종합소득세 확정신고 납부(30일)

(1) 대상자의 범위

<table>
<tr><td>해당연도 사업소득 수입금액</td><td rowspan="2">성실신고확인대상
사업자</td></tr>
<tr><td>업종</td></tr>
<tr><td>농업, 도소매업, 부동산매매업 등</td><td>15억원 이상</td></tr>
<tr><td>제조업, 숙박 음식점업, 건설업, 주거용건물공급업,
금융 및 보험업 등</td><td>7억5천만원 이상</td></tr>
<tr><td>부동산임대업, 전문과학 및 기술서비스업,
기타 개인서비스업 등</td><td>5억원 이상</td></tr>
</table>

(2) 성실신고확인의 세제혜택

납세자와 세무대리인의 많은 납세협력비용이 발생하는 성실신고 확인에 대한 반대급부로 「소득세법」과 「조세특례제한법」에는 크게 다음의 3가지 세제혜택을 규정하고 있다.

① 종합소득세 확정신고 납부기한의 연장

성실신고 확인대상 사업자의 경우 다음연도 6월 30일까지로 확정신고 납부기한이 1개월 연장된다.

② 성실사업자에 대한 의료비, 교육비, 월세액 세액공제

성실신고 확인대상 사업자의 경우 원칙상 근로소득자만 적용 가능한 공제제도인 의료비, 교육비, 월세액 세액공제를 받을 수 있다.

단, 월세액 세액공제의 경우 종합소득액 7,000만원 이하자만 적용받을 수 있어 실무적으로 적용되는 사례는 드문 편이다.

③ 성실신고 확인비용에 대한 세액공제

성실신고에 직접 소요된 비용의 60%를 120만원 범위에서 공제해준다.

2024년
하반기 주요 노동판례 및 행정해석 정리

1 연차휴가 강제사용(대체) 절차

영상으로 확인하세요

〈대상판결〉 서울북부지법 2024.3.14, 2023고정1340

1. 사건 개요

- 특정 근무일에 연차휴가 강제사용을 회사의 지시로 시행
- 근로자들이 미사용 연차수당 지급을 요구
- 회사는 주간근무 2일, 야간근무 2일, 휴무 2일의 사이클이 반복되는 요양원의 근로형태에 비춰 연차유급휴가에 관한 근로기준법 제60조가 그대로 적용되는 것은 부당하다고 주장

2. 관련 법령

참고 근로기준법

제62조(유급휴가의 대체) 사용자는 근로자대표와의 서면 합의에 따라 제60조에 따른 연차유급휴가일을 갈음하여 특정한 근로일에 근로자를 휴무시킬 수 있다.

3. 법원의 판단

① 연차휴가를 휴무로 대체하기 위해서는 사용자와 근로자대표와의 서면합의가 있어야 한다.

② 사용자의 일방적인 지시나 권고만으로는 유급휴가의 적법한 대체라고 할 수 없다.

4. 인사노무관리 참고사항

✓ 근로자로 하여금 특정 근무일에 연차휴가를 사용하게 하려면 근로기준법 제62조에 근거하여 반드시 근로자대표와 서면으로 합의하여 시행해야 함

✓ 이것은 법적 요건이므로 사용자의 지시나 취업규칙에 근거하여 시행할 수는 없음

2 승진 취소 후 임금인상분 반환의무

영상으로 확인하세요

〈대상판결〉 대법 2024.4.16, 2023다315391

1. 사건 개요

- 승진 인사 후 승진절차 하자로 인해 승진 취소
- 근로자가 승진으로 지급받은 인상된 급여에 대해 회사가 부당이득 반환청구 소송을 제기

2. 법원의 판단

(1) 원심 – 부당이득이 아니다.

급여상승분은 승진에 따른 업무를 수행한 데에 대한 대가로 지급되었으므로, 근로자에게 귀속되어야 한다.

(2) 대법원의 판단 - 부당이득이다.

승진 전후 수행하는 업무에 차이가 없다면, 근로자가 법률상 원인 없이 임금상승분 상당의 이익을 얻었다고 볼 수 있다.

3. 인사노무관리 참고사항

✓ 승진으로 인해 근로자가 수행하는 업무에 차이가 없는 경우에 대한 판결

✓ 만약 승진으로 인해 담당하는 업무에 차이가 있다면 달리 판단될 수 있음

3 1년간 80% 미만 출근자의 연차휴가

*영상*으로 *확인*하세요

〈행정해석〉 법제처 24-0114, 2024.6.3

1. 질의 요지

- 계속하여 근로한 기간이 1년 이상인 근로자가 1년간 80퍼센트 미만 출근한 경우에도 해당 1년간 개근한 달마다 1일의 연차유급휴가가 발생하는지?

2. 관련 법령

참고 근로기준법

제60조(연차유급휴가) ① 사용자는 1년간 80퍼센트 이상 출근한 근로자에게 15일의 유급휴가를 주어야 한다.

② 사용자는 계속하여 근로한 기간이 1년 미만인 근로자 또는 1년간 80퍼센트 미만 출근한 근로자에게 1개월 개근 시 1일의 유급휴가를 주어야 한다.

3. 답 변

① 계속하여 근로한 기간이 1년 이상인 근로자가 1년간 80퍼센트 미만 출근한 경우에도 해당 1년간 개근한 달마다 1일의 연차유급휴가가 발생함.

② 연차유급휴가는 계속하여 근로한 기간이 1년 미만인 근로자를 제외하고는 그 전년도 1년간의 근로에 대한 대가에 해당하는 것임(대법원 2017.5.17, 2014다232296, 232302).

③ 따라서 전년도에 출근한 사실이 있다는 것을 전제로 전년도 1년간의 총 소정근로일수 중 근로자가 근로를 제공한 출근일수 비율을 산정하여, 그 비율이 80퍼센트 이상인 경우와 80퍼센트 미만인 경우를 구분하여 연차유급휴가를 규정한 것임(법제처 2020.2.20, 19-0427).

4. 인사노무관리 참고사항

▶ 입사 후 1년 동안 정직으로 인해 3개월을 출근하지 않은 경우 (9개월은 정상 출근, 출근율 80% 미만에 해당)

입사 후 1년 미만 (9개월만 정상 출근) 연차휴가	입사 후 2년차에 발생 휴가

1 입사 후 1년 미만에 대한 연차휴가
- 정상적으로 출근한(즉, 개근한) 9개월에 대해 9일 발생

2 입사 후 1년에 대해 2년차에 발생하는 연차휴가
- 정상적으로 출근한(즉, 개근한) 9개월에 대해 9일 발생

4 자치관리를 위탁관리로 전환시 정리해고의 정당성 판단

*영상*으로 *확인*하세요

〈대상판결〉 대법 2024.5.30, 2019누61610

1. 사건 개요

• 아파트 자치관리를 위탁관리로 전환 → 경비원 140명 정리해고

해고통지서 기재 내용 (요약)

1. 해고 사유 : 경영상 이유에 의한 해고
   -근로계약 해지에 따른 외부 용역 전환

2. 보장사항 등
   가. 전원 고용 보장
   나. 기존 급여 (월 OOO 만 원) 보장
   다. 정년 70세 연장 (기존 60세 보다 정년 10년 연장)
   라. 용역업체가 임의로 해고할 수 없도록 기존 경비원 고용 지속 보장 장치 마련

2. 법원의 판단

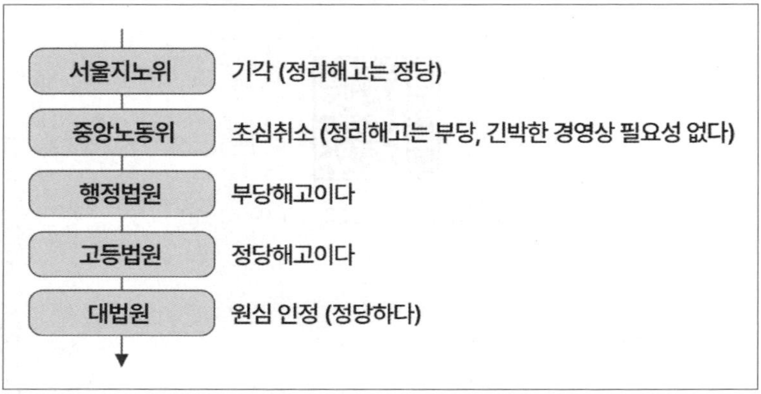

(1) 긴박한 경영상 필요성 존재 여부

가. 행정법원 - 부인

① 자치관리 방식보다 위탁관리 방식이 관리비용, 노무관리, 업무의 효율 등에서 우월하다는 정도의 필요만으로는 정리해고의 필요성을 인정하기 어렵다.

② 원고의 수입, 지출, 자산 및 부채 등 원고의 재무상황을 알 수 있는 자료를 제출하지 않아서, 긴박한 경영상 어려움을 확인할 수 없다.

③ 아파트 전체 3,130세대 중 약 1,200세대(약 38%)가 경비업무를 자치관리 방식에서 위탁관리 방식으로 변경하는 데 반대하였다.

나. 고등법원, 대법원 - 인정

다음과 같은 이유로 아파트의 경비업무에 대한 관리방식을 자치관리에서 위탁관리로 변경하기로 함에 따른 것으로서 객관적 합리성을 인정할 수 있으므로, 경영상 이유에 의한 해고로서 '긴박한 경영상의 필요'가 있다.

① 공동주택관리법 개정에 따른 경비업무 관리운영상의 어려움

② 원고의 전문성 부족과 관리능력 결여

③ 최저임금 인상과 퇴직금 부담 증가 등 비용상의 문제 등

5 대학 시간강사의 근로시간 판단

영상으로 확인하세요

〈대상판결〉 대법 2024.7.11, 2023다217312

1. 사건 개요

- 원고들은 국립대학 시간강사로 주당 강의시수 12시간 이하로 계약
- 원고들은 대학이 미지급한 연차휴가수당, 주휴수당, 근로자의 날에 대한 유급휴일수당 지급을 청구

2. 관련 법령

참고 근로기준법

제18조(단시간근로자의 근로조건) ① 단시간근로자의 근로조건은 그 사업장의 같은 종류의 업무에 종사하는 통상 근로자의 근로시간을 기준으로 산정한 비율에 따라 결정되어야 한다.
③ 4주 동안(4주 미만으로 근로하는 경우에는 그 기간)을 평균하여 1주 동안의 소정근로시간이 15시간 미만인 근로자(초단시간근로자)에 대하여는 주휴와 연차휴가에 관한 근로기준법 규정을 적용하지 아니한다.

3. 법원의 판단

(1) 원심

① 주당 강의시수가 모두 12시간 이하인 시간강사들은 주 소정근로시간이 15시간 미만인 근로자에 해당하므로, 근로기준법 제55조(휴일)와 제60조(연차유급휴가)가 적용되지 않는다.

② 원고들과 피고는 시간강사 위촉계약을 체결하면서 주당 강의시수만을 정하였을 뿐이고, 별도의 시간을 근로시간에 포함시킬 것을 예정하였다고 볼 만한 아무런 증거가 없다.

③ 설령 시간강사 위촉계약에서 약정한 주당 강의시수뿐만 아니라 강의준비 등에 필요한 시간까지도 포함하여 소정근로시간을 평가하더라도, 원고들의 1주 평균 소정근로시간이 15시간 미만이라고 보아야 한다.

(2) 대법원

① 시간강사 위촉계약서에 주당 강의시수가 기재되어 있기는 하나, 이러한 기재만으로는 주당 강의시수를 소정근로시간으로 정한 것이라고 볼 수 없다.

② 강의를 하기 위해서는 강의계획서 작성, 강의내용 준비, 학생상담, 시험출제, 성적입력 등의 업무를 수행해야 한다.

③ 교육부는 2019년부터 2022년까지 대학 시간강사들의 퇴직

금을 국고에서 지원한 바 있는데, 강의시간의 3배에 해당하는 시간을 소정근로시간으로 보는 전제에서 1주 강의시간이 5시간 이상인 시간강사를 그 지원 대상자로 삼았다.

④ 이에 비추어 보면, 특별한 사정이 없는 한 강의시간의 3배에 해당하는 시간이 대학의 시간강사가 강의와 그 수반 업무를 수행하는 데 통상적으로 소요되는 시간을 판단하는 하나의 기준이 될 수 있다.

4. 인사노무관리 참고사항

✓ 학교 시간강사의 소정근로시간 판단기준을 제시한 판결

✓ 이 판결은 대학 시간강사에 대한 내용으로 모든 학교 시간강사의 소정근로시간 판단에 일률적으로 적용할 수는 없다고 하더라도 하나의 참고기준으로 작용할 수 있으므로, 시간강사의 강의시간을 정할 때 참고해야 할 것임.

6 임금피크제가 무효인 경우 퇴직금 중간정산의 효력

영상으로 확인하세요

〈대상판결〉 대법 2024.7.11, 2023다213556

1. 사건 개요

- 회사는 근로자 총 59명 중 84.7%인 50명의 동의를 받아 임금피크제 도입
- 정년이 1년 미만 남아 있는 근로자에게는 기준연봉의 80%, 2년 미만 남아 있는 근로자에게는 85%, 3년 미만 남아 있는 근로자에게는 90%를 지급하도록 규정
- 이에 대해 이 규정은 합리적인 이유 없이 연령을 이유로 근로자를 차별한 것으로, 고령자고용촉진법 제4조의4 제1항을 위반하여 무효이다. 따라서 임금피크제 도입시 시행한 퇴직금 중간정산도 무효다라고 주장

2. 관련 법령

참고 고령자고용촉진법

제4조의4(연령차별금지) ① 사업주는 다음 각 호의 분야에서 합리적인 이유 없이 연령을 이유로 근로자 또는 근로자가 되려는 사람을 차별하여서는 아니 된다

1. 모집·채용
2. 임금, 임금 외의 금품 지급 및 복리후생
3. 교육·훈련
4. 배치·전보·승진
5. 퇴직·해고

참고 근로자퇴직급여보장법시행령

제3조(퇴직금의 중간정산사유)

6. 사용자가 기존의 정년을 연장하거나 보장하는 조건으로 단체협약 및 취업규칙 등을 통하여 일정나이, 근속시점 또는 임금액을 기준으로 임금을 줄이는 제도를 시행하는 경우

3. 법원의 판단

이 사건 임금피크제는 무효이므로, 퇴직금 중간정산도 효력이 없다.

① 원고의 정년은 임금피크제를 실행하기 전부터 60세였으므로, 임금피크제로 원고의 정년이 연장된 것이 아니다.

② 임금피크제를 전후하여 원고에게 부여된 목표수준이나 업무내용에 차이가 있었다고 볼 자료가 없다.

③ 근무시간 단축 등 임금삭감에 대한 대상조치가 도입된 것이 없다.

④ 따라서 이 사건 임금피크제는 연령을 이유로 한 합리적 이유 없는 차별에 해당하므로 고령자고용촉진법 제4조의4 제1항을 위반하여 효력이 없고, 임금피크제가 유효함을 전제로 하는 퇴직금 중간정산도 효력이 없다.

7 1년 근무한 다음날 부여해야 하는 연차휴가일수

영상으로 확인하세요

〈행정해석〉 법제처 24-0345, 2024.7.9

1. 질의 요지

▶ 사용자는 최초 1년의 근로기간 동안 매월 개근하여 근로기준법 제60조제2항에 따라 총 11일의 유급휴가를 부여받은 근로자에게

▶ 최초 1년의 근로를 마친 다음 날에 추가로 15일의 유급휴가를 주어야 하는지, 아니면 4일의 유급휴가를 주어야 하는지?

11일 + 15일?	11일 + 4일?

2. 관련 법령

참고 근로기준법

> **제60조(연차유급휴가)** ① 사용자는 1년간 80퍼센트 이상 출근한 근로자에게 15일의 유급휴가를 주어야 한다.
> ② 사용자는 계속하여 근로한 기간이 1년 미만인 근로자 또는 1년간 80퍼센트 미만 출근한 근로자에게 1개월 개근 시 1일의 유급휴가를 주어야 한다.

3. 답 변

최초 1년의 근로를 마친 다음 날에 추가로 15일의 유급휴가를 주어야 한다. 첫째, 근로자의 최초 1년의 근로기간 동안에는 '계속하여 근로한 기간이 1년 미만인 근로자'에 해당하여 1개월 개근 시마다 1일의 유급휴가가 주어져 총 11일의 유급휴가가 부여되고, 둘째, 해당 근로자가 1년을 초과하여 근로하게 되는 시점에는 최초 1년의 근로기간 동안 80퍼센트 이상을 출근했다면 '1년간 80퍼센트 이상 출근한 근로자'에 해당하여 15일의 유급휴가가 추가로 부여될 것이며, 근로기준법 제60조에서 '제2항에 따라 이미 유급휴가를 부여받은 근로자에 대해서는 제1항을 적용하지 않는다'거나 '제1항에 따른 유급휴가일수를 조정하여 적용한다'는 내용을 별도로 규정하고 있지 않다.

8 고정OT수당이 통상임금인지

영상으로 확인하세요

〈대상판결〉 수원지법 2024.7.24, 2021가합17689

1. 사건 개요

- 2014년부터 월급제와 시급제 근로자들에게 기본급의 20%를 고정OT로 지급
- 2019년부터는
  〈월급제 근로자〉 고정OT를 '평일 연장근로의 20시간분'으로 변경
  〈시급제 근로자〉 기본급의 20%를 고정OT가 아닌 자기계발비로 명칭을 변경해 지급하면서, 회사는 월급제 근로자의 고정OT를 통상임금에서 제외
- 월급제 근로자들이 고정OT수당은 통상임금이므로 이를 포함시켜 산정한 수당을 지급해야한다고 주장

2. 법원의 판단

통상임금에 해당한다.

① 회사는 실제 근로시간을 고려하지 않고 근로자들에게 일괄적이고 정기적으로 고정OT수당을 지급해 왔다.

② 2019년 월급제 근로자의 고정OT 산정방식을 평일 연장근로 20시간분으로 변경했지만, 통상임금에 포함된 시급제 근로자의 자기계발비와 산정방식이 사실상 동일하다.

③ 취업규칙에서 복직자, 퇴직자, 휴직자에게도 고정OT를 일할 계산해 지급하도록 하고 있다.

3. 기존 사례

실제 연장·야간근로시간을 별도로 산정하지 않은 채 기본급 20% 상당액을 시간외 수당으로 지급한 것으로 보아 월급제 근로자의 소정근로시간에 통상적으로 제공하기로 정한 근로의 대가라고 보기 어렵다. 시급제 근로자들에게 지급되었던 기본급 20% 상당액의 수당이 기본급으로 흡수되었음에도 월급제 근로자들에게 지급되었던 같은 수당이 계속 '시간외 수당' 명목으로 지급되었다. 고정연장근로수당을 신규채용자·중도입사자·복직자·병가자·휴직자·퇴직자 등에게 일할 계산하여 지급했다고 하더라도, 단지 이를 이유로 고정연장근로수당을 '소정근로의 대가'로 지급되었다고 단정할 수 없다(대법 2021.11.11, 2020다224739).

4. 인사노무관리 참고사항

✓ 고정연장근로수당의 성격이 연장근로에 근거한 것인지 아니면 연장근로와 관계없는 다른 취지로 지급되는 것인지에 따라 통상임금성 여부를 판단해야 함

✓ 연장근로를 전제로 지급되는 수당이라면 이를 통상임금으로 볼 수는 없음

✓ 이 사례는 1심 판결이므로, 향후 대법원의 판단을 지켜볼 필요가 있음

9 비근무일을 유급으로 한 경우 최저임금 이상으로 지급해야 하는지

영상으로 확인하세요

〈대상판결〉 대법 2024.7.25, 2023다223744, 223751

1. 사건 개요

- 퇴직 시점까지의 기간에 대한 최저임금 미달액과 이를 반영해 재계산한 평균임금을 기초로 한 퇴직금 차액 지급을 청구한 사건
- 비근무일을 유급으로 하였으므로, 최저임금 이상으로 지급해야 한다고 주장

2. 관련 법령

참고 최저임금법

제6조(최저임금의 효력) ⑥ 제1항과 제3항은 다음 각 호의 어느 하나에 해당하는 사유로 근로하지 아니한 시간 또는 일에 대하여 사용자가 임금을 지급할 것을 강제하는 것은 아니다.

1. 근로자가 자기의 사정으로 소정근로시간 또는 소정의 근로일의 근로를 하지 아니한 경우

2. 사용자가 정당한 이유로 근로자에게 소정근로시간 또는 소정의 근로일의 근로를 시키지 아니한 경우

3. 법원의 판단

(1) 원심의 판단

실제 근로를 하지 않아도 근로한 것으로 인정하는 날인 '인정일' 전부를 최저임금 지급대상 시간에 포함시켜 최저임금 미달액을 계산

(2) 대법원의 판단

근로자가 실제 근로하지 아니하여 본래 임금을 지급할 필요가 없는 휴가일 또는 결근일에 대하여 근로계약이나 취업규칙・단체협약 등에 의해 임금을 지급하기로 하였더라도, 그 유급으로 처리된 시간은 특별한 사정이 없는 한 최저임금액 이상의 임금을 지급해야 하는 시간에 포함되지 않는다(대법 2024.7.25, 2023다223744, 223751).

4. 인사노무관리 참고사항

- ✓ 법상 임금을 지급해야 할 의무가 없는 날(가족돌봄휴가, 생리휴가, 하계휴가, 회사창립기념일 등)을 유급으로 한다고 하더라도, 이러한 유급에 대해서는 반드시 최저임금 이상으로 지급해야 하는 것은 아님
- ✓ 다툼을 예방하기 위해서는 어떤 기준으로 지급하는지를 명확하게 해야 할 것임

약정휴일을 유급휴일로 하면서 통상임금으로 지급하기로 한 경우, 통상임금에 해당하는 수당을 제외한 경우

근기법상 아무런 기준을 정한 바 없는 수당을 산정함에 있어 노사간의 합의로 근기법상의 개념이나 범위와 다른 통상임금을 그러한 수당을 산정하기 위한 수단으로 삼은 경우에는 근기법상의 법정수당을 지급하도록 한 취지가 몰각될 우려가 당초부터 없다고 할 것이므로, 위와 같은 합의는 유효하다고 할 것이다 (대법 2007.11.29, 2006다81523)

10 근로자 PC 저장정보 무단확인 행위

영상으로 확인하세요

〈대상판결〉 대구지법 2024.8.21, 2023나320254

1. 사건 개요

- 회사가 근로자에게 사직을 권고하자 근로자가 사직서를 제출하지 않은 상태에서 업무상 재해로 산재요양
- 이에 회사는 산재요양기간 중 디지털 포렌식 업체를 통해 근로자가 사용하던 컴퓨터에 저장된 인터넷 검색기록과 웹사이트 방문기록, 애플리케이션 로그 등을 무단으로 확인
- 근로자가 산재요양을 마치고 출근하자 '업무태만(근무시간 중 취업사이트 검색 및 게임)을 사유로 해고
- 이에 대해 자신의 동의없이 컴퓨터 저장정보를 무단으로 탐지한 행위에 대해 손해배상 청구
- 회사는 개인정보보호법 위반죄의 피의사실에 대하여 혐의없음(증거불충분) 처분이 내려졌으므로, 불법행위가 성립되지 않는다고 주장

2. 법원의 판단

무단으로 열람한 정보가 개인정보보호법에 정한 '개인정보'에 해당하지 아니한다고 하여 그 정보를 무단으로 열람한 행위가 위법하지 않다고 볼 수는 없다.

① 컴퓨터에 저장된 개인의 인터넷 검색기록, 웹사이트 방문기록, 애플리케이션 로그 등은 사생활의 비밀에 관한 사항에 해당한다.

② 따라서 이러한 정보에 대한 무단탐지는 사생활의 비밀과 자유, 정보에 대한 자기결정권 등을 침해하는 것으로서 정당한 이유가 없는 한 불법행위를 구성한다.

③ 300만원 위자료 지급 판결

3. 인사노무관리 참고사항

✓ 개인 컴퓨터에 저장된 내용을 확인하기 위해서는 반드시 근로자의 동의를 받아야 함

11 특수형태근로종사자도 '직장내 괴롭힘' 보호대상인지

영상으로 확인하세요

〈대상판결〉 대법 2024.5.17, 2024다207558

1. 사건 개요

- 골프장 캐디로 근무하다 자살(골프장 소속 관리자로부터 심한 질책, 기숙사 동료와 다툼, 기숙사에서 나와 모텔에서 거주)
- 해당 캐디를 인터넷 카페에서 탈퇴 처리, 업무에서 배제
- 가족들이 관리자를 상대로 불법행위에 따른 손해배상 청구 및 골프장을 상대로 채무불이행(주위적) 및 손해배상(예비적) 청구

2. 사건 경과

(1) 직장내 괴롭힘 여부

① 가족이 고용노동부에 '직장내 괴롭힘'으로 진정

② 이에 대해 고용노동부는 골프장 소속 관리자가 망인에게 한 행위는 직장내 괴롭힘으로 볼 수 있음

③ 그런데 캐디는 근로기준법상의 근로자가 아니므로, 동법상

의 직장내 괴롭힘 관련 규정 적용대상이 아니라고 판단

(2) 업무상 재해 여부

① 가족이 근로복지공단에 유족급여, 장의비 청구

② 공단은 자살과 업무사이에 상당인과관계가 있다고 판단, 업무상 재해로 인정

3. 법원의 판단

(1) 골프장을 상대로 한 채무불이행 책임(근로자성 전제)(주위적)

근기법상 근로자성 부인. 따라서 근로자성을 전제로 한 골프장의 채무불이행 책임은 불인정

(2) 골프장을 상대로 한 민법 제756조에 따른 사용자 책임(예비적)

산업안전보건법상 골프장은 캐디를 보호할 의무가 있다(제5조, 제77조).

민법 제756조(사용자의 배상책임)
①타인을 사용하여 어느 사무에 종사하게 한 자는 피용자가 그 사무집행에 관하여 제삼자에게 가한 손해를 배상할 책임이 있다. 그러나 사용자가 피용자의 선임 및 그 사무감독에 상당한 주의를 한 때 또는 상당한 주의를 하여도 손해가 있을 경우에는 그러하지 아니하다.

(3) 관리자의 불법행위에 대한 손해배상 청구

▶ 직장내 괴롭힘 가해자는 피해자에 대해 민사상 불법행위책임을 진다 (대법 2021.11.25, 2020다270503).

▶ 이 법리는 근로기준법상의 근로자임을 전제로 하는 것은 아니다.

12 장기간 대기발령의 정당성 판단

영상으로 확인하세요

〈대상판결〉 대법 2024.9.12, 2024다250873

1. 사건 개요

- 자체 감사실시, 전결규정 위반, 직인 무단사용 등의 이유로 대기발령 ("2021년 5월부터 별도 지시가 있을 때까지 자택 대기하라")
- 2022년 5월, 대기발령 사유가 존재하지 않고, 설령 대기발령 사유가 있더라도 사회통념상 대기발령기간이 부당하게 장기간 유지되고 있어 무효다라고 주장

2. 법원의 판단

(1) 원심의 판단

① 근로자를 사회통념상 합리성이 없을 정도로 부당하게 장기간 잠정적 지위의 상태로 두는 대기발령은 부당하다.

② 대기발령의 주된 이유는 감사 방해를 저지하기 위한 데 있

었다. 따라서 감사가 종료된 2023년 7월 부터는 대기발령을 유지할 필요성이 없다.

③ 약 2년간의 대기발령으로 생활상 불이익도 크다(임금 70% 만 지급).

(2) 대법원의 판단

① 대기발령 필요성이 있을 수 있는 감사 종료 이전 부분에 대해서는 사유를 별도로 따져 봐야 한다.

② 감사 종료 이후의 부당한 대기발령 유지 조치가 무효라는 이유만으로, 그 이전 부분까지 당연히 무효가 된다고 볼 수 없다.

3. 인사노무관리 참고사항

✓ 장기간 대기발령은 지양

✓ 대기발령 사유가 없어진 경우에는 대기발령 해제조치 필요

13 공휴일에 출근하지 않은 경우 '개근' 여부

영상으로 확인하세요

〈행정해석〉 법제처 4-0586, 2024.10.8

1. 질의 요지

▶ 근로자 「관공서의 공휴일에 관한 규정」 에 따른 공휴일에 출근하지 않은 경우, 「근로기준법 시행령」 제30조제1항의 "개근"을 하지 않은 것으로 보아 「근로기준법」 제55조제1항의 유급휴일 보장대상에서 제외되는지?

공휴일 출근 X → 개 근 X → 유급휴일 1일 X

2. 관련 법령

참고 근로기준법

제55조(휴일) ① 사용자는 근로자에게 1주에 평균 1회 이상의 유급휴일을 보장하여야 한다.

참고 근로기준법 시행령

제30조(휴일) ① 법 제55조제1항에 따른 유급휴일은 1주 동안의 소정근로일을 개근한 자에게 주어야 한다.

3. 답 변

근로자가 공휴일에 출근하지 않았다고 해서 "개근"을 하지 않은 것으로 볼 수 없으므로, 유급휴일 보장대상에서 제외되지 않는다.

첫째, 유급휴일을 보장받기 위한 요건은 '1주 동안의 소정근로일을 개근할 것'이고, "개근"은 소정근로일에 모두 출근 또는 근무한다는 의미, 즉 소정근로일에 결근하지 않는다는 의미이다(대법원 2023.11.30, 2023도6112).

둘째, "1주 동안의 소정근로일"이란 근로자에게 근로제공의 의무가 있는 날을 전제로 하는 것으로 "1주 동안의 소정근로일"에는 공휴일은 당연히 포함되지 않는다고 보아야 하므로(대법원 2018.

6.21, 2011다112391), 근로자가 주중에 있는 공휴일에 출근하지 않았다고 하여 이를 '결근'으로 볼 수 없다(대법원 2004.6.25, 2002두2857).

따라서 근로자가 주중에 있는 공휴일이 아닌 다른 소정근로일에 모두 출근 또는 근무하였다면, 1주 동안의 소정근로일에 개근한 것으로 보아야 한다.

14 휴직자에 대한 성과상여금 지급 여부

영상으로 확인하세요

〈대상판결〉 대법 2024.10.8, 2024다259443

1. 사건 개요

근로자 성과상여금 대상기간 중 한달간 병가휴직

사용자 지급기준일 당시 병가휴직 중에 있다는 이유로 성과상여금 미지급

▶ **단체협약상 성과상여금 지급대상자인 '현재 재직하고 있는 자'란 '지급기준일 당일 승무(근로제공)한 자'를 의미하므로, 지급기준일 당일 '휴직자'인 경우에는 그 지급대상에서 제외된다.**

2. 관련 근거

참고 단체협약서 성과상여금 지급조항

◦ 회사는 조합원에게 근무실적과 성과에 따라 후생복지 차원에서 연간 월 기본급의 600% 한도 내에서 6회로 성과상여금을 차등 지급한다.

◦ 지급대상은 성과상여금 지급기준일 현재 재직하고 있는 자로서 3개월 이전에 입사하고 성과상여금 지급기준일 이전 2개월 중 근무실적에 따라 차등 지급하며, 지급대상기간 중 중도퇴사자에게는 지급하지 않는다.

3. 법원의 판단

단체협약서는 지급기준일 이전 2개월 중 단 1일만 근무해도 성과상여금의 90%를 지급하도록 되어 있어, 질병휴직 등 장기간의 휴직자를 배제하지 않고 있다.

해당 규정에 중도 퇴사자에 대하여만 지급하지 않는다고 정하고 있고, "현재 재직하고 있는 자"는 "중도 퇴사자"와 반대 개념, 즉 회사에 소속되어 근로관계를 유지하고 있는 자로 해석된다.

4. 인사노무관리 참고사항

성과급 지급기준을 구체적으로 정할 필요가 있음

예를 들어, 성과상여금은 지급대상기간 중 며칠 이상을 근무해야 지급한다. 휴직으로 며칠 이상을 근무하지 않은 자에게는 지급하지 않는다.

15 채용관련서류의 보존기간

영상으로 확인하세요

〈행정해석〉 법제처 24-0660, 2024.11.4

1. 질의 요지

▶ "남녀고용평등법" 제33조에서 모집과 채용, 임금, 임금 외의 금품 등, 교육·배치 및 승진, 정년·퇴직 및 해고에 관한 서류를 3년간 보존하도록 규정하고 있는바,

↓

3년간 보존해야 하는 서류에 "채용절차법" 제2조에 따른 채용서류가 포함되는지?

2. 관련 법령

참고 남녀고용평등법시행령

제19조(관계서류의 보존) 사업주는 다음 서류를 3년간 보존하여야 한다.

1. 모집과 채용, 임금, 임금 외의 금품 등, 교육・배치 및 승진, 정년・퇴직 및 해고에 관한 서류

2. 직장 내 성희롱 예방교육을 하였음을 확인할 수 있는 서류
3. 직장 내 성희롱 행위자에 대한 징계 등 조치에 관한 서류
4. 배우자 출산휴가의 청구 및 허용에 관한 서류
5. 육아휴직의 신청 및 허용에 관한 서류
6. 육아기 근로시간 단축의 신청 및 허용에 관한 서류

참고 채용절차법

제2조(정의) 이 법에서 사용하는 용어의 뜻은 다음과 같다.

3. "기초심사자료"란 구직자의 응시원서, 이력서 및 자기소개서를 말한다.
4. "입증자료"란 학위증명서, 경력증명서, 자격증명서 등 기초심사자료에 기재한 사항을 증명하는 모든 자료를 말한다.
5. "심층심사자료"란 작품집, 연구실적물 등 구직자의 실력을 알아볼 수 있는 모든 물건 및 자료를 말한다.
6. "채용서류"란 기초심사자료, 입증자료, 심층심사자료를 말한다.

3. 답 변

채용절차법에 따른 서류는 3년간 보존해야 하는 서류에 포함되지 않는다. 남녀고용평등법에서 사업주가 3년간 보존해야 하는 '채용에 관한 서류'란 사업주가 근로자의 모집과 채용을 하는 과정에서 작성·관리하게 되는 서류를 의미한다. 채용절차법의 적용대상이 되는 채용서류는 구직자가 직업을 구하기 위하여 구인자의 채용광고에 응시하면서 작성·제출하는 서류를 말한다.

채용관련 서류 보존기간	
1. 구직자가 채용서류 반환을 청구하는 경우	14일 이내에 발송
2. 채용서류 반환을 청구하지 않은 경우	- 구직자 채용 여부가 확정된 날 이후 14일부터 180일까지의 기간에서 구인자가 정한 기간(예 : 30일) - 보존기간이 지나면 파기

16 당직, 콜대기시간의 근로시간 여부

영상으로 확인하세요

〈대상판결〉 대법 2024.11.14, 2021다220062

1. 사건 개요

- 병원 임상병리사, 방사선기사, 수술실 간호사, 운전기사, 기계전기 기사들이 당직 및 콜대기 근무시간을 근로시간으로 인정해 달라고 요구

2. 관련 법령

(1) 휴식시간, 대기시간의 근로시간 여부

근로계약에서 정한 휴식시간이나 대기시간이 근로시간에 속하는지 휴게시간에 속하는지는 근로계약의 내용이나 해당 사업장에 적용되는 취업규칙과 단체협약의 규정, 근로자가 제공하는 업무의 내용과 해당 사업장에서의 구체적 업무방식, 휴게 중인 근로자에 대한 사용자의 간섭이나 감독 여부, 자유롭게 이용할 수 있는 휴게

장소의 구비 여부, 그 밖에 근로자의 실질적 휴식을 방해하거나 사용자의 지휘·감독을 인정할 만한 사정이 있는 지와 그 정도 등 여러 사정을 종합하여 개별 사안에 따라 구체적으로 판단하여야 한다(대법원 2018.7.12. 2013다60807).

(2) 당직근무시간의 근로시간 여부

당직근무를 하는 도중에 수행하는 업무의 내용과 질이 본래의 업무가 연장된 경우에 해당하거나 통상근무의 태양과 마찬가지인지 여부는, 당직근무가 통상의 근무시간의 구속으로부터 완전히 벗어났는지 또는 통상근무의 태양이 그대로 계속되는지 여부, 당직근무를 하는 도중에 본래의 업무에 종사하게 되는 빈도 내지 시간의 장단, 당직근무를 하면서 충분한 수면시간이 보장되는지 여부 등을 충분히 심리하여 정해야 한다(대법원 1996.6.28. 94다14742).

3. 법원의 판단

(1) 원심의 판단

당직 및 콜대기 시간 전부를 근로시간으로 인정

원고들의 당직 및 콜대기 근무는 병원이라는 근무지의 특성상 환자들의 생명 및 건강유지를 위하여 요구되는 것이고 특히 원고들 중 임상병리사, 방사선기사, 수술실 간호사들이 당직 및 콜대기 근무 중에 수행하는 업무의 내용과 태양이 평일 주간에 행하는 통상 근무와 다르다고 할 수 없는 점, 원고들이 제공하였던 노동의 밀도가 평일 주간근무에 미치지 아니하였더라도 초과근로에 관한 근로기준법의 임금가산규정의 적용을 쉽게 배제할 수는 없는 점, 언제 발생할지 모르는 호출에 대비하여 자택 등에서 대기한 시간 역시 실질적으로 사용자인 피고의 지휘・감독 아래에 놓여있는 시간이라고 봄이 상당한 점 등을 고려하면, 원고들의 당직 및 콜대기 근무시간 전부가 근로기준법상의 근로시간에 해당한다(부산고법 2021. 1.21, 2018나53408).

(2) 대법원의 판단

구체적 사실관계에 따라 달리 판단해야 한다	
1	당직근무 중 수행한 업무의 내용이 무엇인지, 통상근무의 태양과는 차이가 있는지, 당직근무 중 자유롭게 이용할 수 있는 시간이 어느 정도 있었는지 등을 알 수 있는 **아무런 증거**가 없다.
2	자택에서 당직 또는 콜대기 중 콜을 받으면 **몇 분 안에 출근**해야 하는지 등을 알 수 없어, 원고들의 자택에서의 당직 또는 콜대기 근무시간 전부가 실질적으로 사용자인 피고의 지휘·감독 아래에 놓여있는 근로시간에 해당하는지, **그 중 어느 범위까지 근로시간**으로 보아야 하는지를 판단하기 어렵다.

구체적 사실관계에 따라 달리 판단해야 한다.

당직근무 중 수행한 업무의 내용이 무엇인지, 통상근무의 태양과는 차이가 있는지, 당직근무 중 자유롭게 이용할 수 있는 시간이 어느 정도 있었는지 등을 알 수 있는 아무런 증거가 없다. 자택에서 당직 또는 콜대기 중 콜을 받으면 몇 분 안에 출근해야 하는지 등을 알 수 없어, 원고들의 자택에서의 당직 또는 콜대기 근무시간 전부가 실질적으로 사용자인 피고의 지휘·감독 아래에 놓여있는 근로시간에 해당하는지, 그중 어느 범위까지 근로시간으로 보아야 하는지를 판단하기 어렵다.

4. 인사노무관리 참고사항

근무스케줄에서 자택대기 등을 편성할 때 사용자의 지휘감독을 받는 시간과 휴식시간을 명확히 구분하여 기재

17 직장내 성희롱 가해자에 대해 징계절차 없이 사직 처리한 경우 사용자 책임

영상으로 확인하세요

〈대상판결〉 대법 2024.11.14, 2023다276823

사건 1. 사무집행행위에 해당하는지 여부

1. 사건 개요

- 〈근로자〉 회사 간부(A)가 원고에게 행한 강간미수행위는 피고의 피용자인 A의 사무집행과 관련하여 이루어진 불법행위이므로, 피고는 사용자로서 원고가 입은 손해액 1억 원 중 C로부터 배상받은 3,500만 원을 공제한 나머지 6,500만 원을 배상하라
- 〈사용자〉 A는 한 달간 장기휴가 중이었고, 이에 따라 A업무는 모두 다른 사람에게 이관된 상황이었으며, 원고도 3일간 휴무였으므로 이 사건 성폭행이 발생한 날은 원고와 A 모두 업무에서 배제된 시점이었던 점, 성폭행이 발생한 장소도 근무지로부터 멀리 떨어져 있는 지점이었던 점, 장기휴가 중이며 팀장업무를 하지 아니한 A에게 이 사건 보안사고와 관련된 이야기를 하는 것은 사무집행상의 문제가 아닌 사적인 행위에 불과하므로 피고의 사용자책임은 성립하지 않는다.

2. 법원의 판단

사건1 - 사무집행행위에 해당하는지 여부

법원의 판단 – 사용자책임이 성립한다	
1	A는 한달간 리프레시먼트(Refreshment) 휴가를 받았으나, 팀장 지위를 면한 것이 아니고, 팀장 대행을 하는 자는 그야말로 '대행'이므로 A가 팀장으로서의 권한과 지위를 완전히 박탈당한 상태였다고 볼 수 없다.
2	A는 휴가기간이 끝나면 이전의 팀장 직책과 업무로 복귀가 예정되어 있어서, 휴가기간 중 발생한 이 사건 보안사고의 처리 과정에서도 관련 팀장으로서 일정한 관여를 하고 역할을 수행할 것으로 예상된다.

사용자책임이 성립한다.

첫째, A는 한 달간 리프레시먼트(Refreshment) 휴가를 받았으나, 팀장 지위를 면한 것이 아니고, 팀장 대행을 하는 자는 그야말로 '대행'이므로 A가 팀장으로서의 권한과 지위를 완전히 박탈당한 상태였다고 볼 수 없다.

둘째, A는 휴가기간이 끝나면 이전의 팀장 직책과 업무로 복귀가 예정되어 있어서, 휴가기간 중 발생한 이 사건 보안사고의 처리 과정에서도 관련 팀장으로서 일정한 관여를 하고 역할을 수행할 것으로 예상된다.

사건 2. 가해자에 대해 징계 없이 사직 처리한 행위

1. 사건 개요

- 직장내 성희롱 조사과정에서 가해자를 징계하지 않고 사직 처리
- 이에 대해 피해자가 업무처리과정에서 피해자에 대한 보호조치 등 (필요한 조치)이 제대로 이루어지지 않았으므로, 불법행위에 대한 손해배상을 요구
- 회사는 피해 근로자가 가해자의 사직처리에 동의했으므로, '필요한 조치'를 다했다고 주장

2. 관련 법령

참고 남녀고용평등법

제14조(직장내 성희롱 발생시 조치) ⑤ 사업주는 제2항에 따른 조사결과 직장내 성희롱 발생 사실이 확인된 때에는 지체 없이 직장내 성희롱 행위를 한 사람에 대하여 징계, 근무장소의 변경 등 필요한 조치를 하여야 한다. 이 경우 사업주는 징계 등의 조치를 하기 전에 그 조치에 대하여 직장내 성희롱 피해를 입은 근로자의 의견을 들어야 한다.

3. 법원의 판단

사건 2 – 징계절차없이 사직처리한 행위

법원의 판단 – 사용자책임 인정	
1	징계절차를 거치지 말아달라는 말을 먼저 꺼내지 않았음에도 공식적인 징계절차를 거치게 되는 경우 어떤 장단점이 있는지를 객관적으로 설명하거나 비밀보장을 위한 방안을 강구하려는 최소한의 노력조차 없이 공식적인 징계절차에 회부될 경우 피해가 공개될 염려가 있다는 점만을 지속적으로 강조하면서 무징계 사직을 받아들일 것을 사실상 강권하였고, 이로써 원고가 다양한 선택지의 장단점을 충분히 검토하고 선택할 수 있는 권리를 침해하였다.
2	피고는 가해자를 임의사직 처리한 것은 원고도 동의한 것이어서 위법성이 없다는 취지로 주장하고 있는데, 원고가 피고 담당직원 면담과정에서 일부 임의사직 처리에 긍정적 반응을 보인 부분이 있기는 하나, 그러한 사정만으로는 피고의 위와 같은 잘못을 치유하기에는 부족하다.

사용자책임 인정

첫째, 징계절차를 거치지 말아달라는 말을 먼저 꺼내지 않았음에도 공식적인 징계절차를 거치게 되는 경우 어떤 장단점이 있는지를 객관적으로 설명하거나 비밀보장을 위한 방안을 강구하려는 최소한의 노력조차 없이 공식적인 징계절차에 회부될 경우 피해가 공개될 염려가 있다는 점만을 지속적으로 강조하면서 무징계 사직을 받아들일 것을 사실상 강권하였고, 이로써 원고가 다양한 선택지의 장단점을 충분히 검토하고 선택할 수 있는 권리를 침해하였다.

둘째, 피고는 가해자를 임의사직 처리한 것은 원고도 동의한 것이어서 위법성이 없다는 취지로 주장하고 있는데, 원고가 피고 담당직원 면담과정에서 일부 임의사직 처리에 긍정적 반응을 보인 부분이 있기는 하나, 그러한 사정만으로는 피고의 위와 같은 잘못을 치유하기에는 부족하다.

4. 인사노무관리 참고사항

- ✓ 근로자가 시간단위 연차휴가를 신청하는 경우 '사업운영에 막대한 지장'이 있는 경우가 아닌 한 휴가신청을 거부하기 어려우므로
- ✓ 회사 업무에 지장이 없는 범위에서 근로자가 시간단위 연차휴가를 사용할 수 있도록 관련 규정을 개정할 필요

18 연차휴가를 시간차로 청구한 경우 거부할 수 있는지

*영상*으로 *확인*하세요

〈행정해석〉 법제처 24-0775, 2024.11.20

1. 질의 요지

- 회사의 취업규칙에는 시간단위 연차휴가 사용관련 규정이 없는 상황에서 근로자가 연차유급휴가를 1일 2시간(반반차) 단위로 청구하는 경우, 사용자는 휴가사용시기를 변경할 수 있는지?

2. 관련 법령

참고 근로기준법

제60조(연차유급휴가) ⑤ 사용자는 제1항부터 제4항까지의 규정에 따른 휴가를 근로자가 청구한 시기에 주어야 하고, 그 기간에 대하여는 취업규칙 등에서 정하는 통상임금 또는 평균임금을 지급하여야 한다. 다만, 근로자가 청구한 시기에 휴가를 주는 것이 사업운영에 막대한 지장이 있는 경우에는 그 시기를 변경할 수 있다.

3. 답 변

근로자가 연차유급휴가를 반반차 단위로 청구하는 경우, 사용자는 “근로자가 청구한 시기에 휴가를 주는 것이 사업운영에 막대한 지장이 있는 경우” 외에는 청구한 휴가시기를 변경할 수 없다.

첫째, 제60조 제5항 단서는 근로자의 연차유급휴가 사용시기 보장에 대한 예외규정으로써, 이러한 예외규정을 해석할 때에는 합리적인 이유 없이 문언의 의미를 확대하여 해석해서는 안 되고 엄격하게 해석할 필요가 있다.

둘째, 근기법 제60조의 규정에 어긋나는 취업규칙은 같은 법 제96조 제2항에 따라 고용노동부장관이 변경을 명할 수 있고, 같은 법 제60조의 규정을 위반한 자는 제110조 제1호에 따라 2년 이하의 징역 또는 2천만원 이하의 벌금에 처하도록 규정하고 있다.

4. 인사노무관리 참고사항

- ✓ 근로자가 시간단위 연차휴가를 신청하는 경우 ‘사업운영에 막대한 지장’이 있는 경우가 아닌 한 휴가신청을 거부하기 어려우므로
- ✓ 회사 업무에 지장이 없는 범위에서 근로자가 시간단위 연차휴가를 사용할 수 있도록 관련 규정을 개정할 필요

19 조건부 정기상여금의 통상임금 여부

영상으로 확인하세요

〈대상판결〉 대법 2024.12.19, 2020다247190 ;
대법 2024.12.19, 2023다302838

1. 사건 개요

재직자조건(2020다247190)	근무일수 조건(2023다302838)
· 지급일 현재 재직자에게만 지급하는 재직조건이 부가된 정기상여금, 성과급 최소지급분도 통상임금이다. · 법정 통상임금을 기초로 재산정한 시간외 근무수당 차액을 청구	· 기준기간 내 15일 미만 근무한 경우 지급대상에서 제외하는 조건이 부가된 정기상여금은 통상임금이다. · 통상임금에 넣어 재산정한 연장근로수당 등 차액을 청구

2. 2013년 대법원 전원합의체 판결

판단기준	주요내용
정기성	일정한 간격을 두고 계속적으로 지급되어야 함
일률성	모든 근로자나 일정한 조건 또는 기준에 달한 모든 근로자에게 일률적으로 지급되어야 함
고정성	임의의 날에 소정근로를 제공하면 추가적인 조건의 충족 여부와 관계 없이 당연히 지급될 것이 예정되어 임금의 지급 여부나 지급액이 사전에 확정되어 있어야 함

▶ **재직조건 및 근무일수 조건부 임금, 근무실적 평가를 토대로 지급 여부나 지급액이 정해지는 임금은 고정성이 부정된다고 판시.**

임의의 근로제공 시점에 지급조건의 성취 여부(퇴직 여부, 근무일수의 충족 여부, 근무실적의 충족 여부)가 불확실하기 때문

3. 대법원의 판단

▶ **통상임금은 소정근로의 대가로서 정기적, 일률적으로 지급하기로 정한 임금을 말함.**

▶ **근로자가 소정근로를 온전하게 제공하면 그 대가로서 정기적, 일률적으로 지급하도록 정해진 임금은 그에 부가된 조건의 존부나 성취 가능성과 관계없이 통상임금에 해당**

상여금		성과급
재직자 조건	근무일수 조건	
통상임금	통상임금	소정근로 대가성 부정 (통상임금 아님)

※ 종전 판례가 제시한 고정성을 통상임금의 개념적 징표에서 제외하고, 통상임금 개념을 새롭게 정의

(1) 법령 부합성, (2) 강행성

통상임금은 법적 개념이자 강행적 개념. 당사자가 임의로 변경할 수 없음

'고정성'은 통상임금에 관한 정의규정인 근기법시행령 제6조 제1항을 비롯한 법령 어디에도 근거가 없음

(3) 소정근로 가치 반영성

통상임금은 '소정근로의 가치'를 평가한 개념

실근로와 무관하게 소정근로 그 자체의 가치를 온전하게 반영해야 함

(4) 사전적 산정 가능성

통상임금은 법정수당 산정을 위한 도구개념

연장근로 등을 제공하기 전에 산정될 수 있어야 함

소정근로를 온전히 제공할 경우 충족되는 근무일수(=소정근로일수 이내 일수)를 정한 근무일수 조건부 임금은 (정기성, 일률성을 갖추면) 통상임금이고, 소정근로일수를 초과하는 근무일수 조건부 임금은 통상임금이 아님 ⇒ 통상임금 여부가 사전에 예측 가능하게 됨

(5) 정책 부합성

통상임금은 연장·야간·휴일근로를 억제하려는 근기법의 정책목표에 부합해야 함

▶ **종전 판례가 제시한 고정성을 통상임금의 개념적 징표에서 제외**

구분	주요내용
①법령 부합성 ②강행성	· 통상임금은 법적 개념이자 강행적 개념. 당사자가 임의로 변경할 수 없음 · '고정성'은 통상임금에 관한 정의규정인 근기법시행령 제6조 제1항을 비롯한 법령 어디에도 근거가 없음
③소정근로 가치 반영성	· 통상임금은 '소정근로의 가치'를 평가한 개념 · 실근로와 무관하게 소정근로 그 자체의 가치를 온전하게 반영해야 함
④사전적 산정 가능성	· 통상임금은 법정수당 산정을 위한 도구개념 · 연장근로 등을 제공하기 전에 산정될 수 있어야 함 ※ 소정근로를 온전히 제공할 경우 충족되는 근무일수(= 소정근로일수 이내 일수)를 정한 근무일수 조건부 임금은 (정기성, 일률성을 갖추면) 통상임금이고, 소정근로일수를 초과하는 근무일수 조건부 임금은 통상임금이 아님 ⇒ 통상임금 여부가 사전에 예측 가능하게 됨
⑤정책 부합성	통상임금은 연장·야간·휴일근로를 억제하려는 근기법의 정책목표에 부합해야 함

별첨

노무/세무 관련 각종 서식 및 양식

별첨 1 근로계약서 양식-1

근 로 계 약 서

(사용자) (이하 '사용자'라고 한다)와 *(근로자)* (이하 '근로자'라고 한다)은/는 다음과 같이 근로계약을 체결하고 상호 성실히 준수할 것을 서약한다.

제1조 (근로계약)

근로자의 입사일은 *(2025년 1월 1일)* 로 한다.

(기간제 근로자)

① 근로계약기간은 *(2025년 1월 1일)* 부터 *(2025년 1월 1일)* 로 한다.

② 제1항의 기간이 만료됨에 따라 본 계약은 자동으로 종료된다.

제2조 (근무장소와 업무내용)

① 근로자의 근무장소는 *(사용자의 사업장 소재지)* (으)로 한다.

② 근로자의 업무내용은 *(인사·노무관리)* (으)로 한다.

③ 사용자는 업무상 필요 시 제1항 및 제2항의 근무장소와 업무 내용을 변경할 수 있고, 근로자는 이에 동의한다.

제3조 (임금)

③ 연봉액은 *60,000,000* 원으로 하며, 12분할하여 매월 지급한다. 월 지급액 세부내역은 아래와 같다.

월 급여(계)	*5,000,000* 원				
임금 구성항목	기본급 (209H)	고정연장근로 수당(33H) (5H×1.5×4.345)	직책수당	식대	합계
	3,618,182 원	*681,818* 원	*500,000* 원	*200,000* 원	*5,000,000* 원

① 임금산정기간은 *매월 1일부터 말일까지로 하여 익월 5일에* 근로자 명의의 계좌로 이체한다. 급여일이 휴일인 경우에는 그 전일에 지급한다.

④ 근로자는 업무상 고정적으로 발생할 수 있는 연장근로에 대한 수당을 월 급여에 포함하여 지급함에 동의한다.

제4조 (근로시간)

① 근로시간은 *9시* 부터 *18시* 까지로 하고, 근로일은 *월* 요일부터 *금* 요일까지로 한다.

② 휴게시간은 *12시* 부터 *13시* 까지로 한다.

③ 업무상 필요한 경우 제1항 근로시간 및 제2항 휴게시간은 변경될 수 있다.

별첨 1 근로계약서 양식-2

제5조 (유급휴일)

아래 휴일은 유급휴일로 한다.

(1) 주휴일(일요일) 단, 업무상 필요한 경우 다른 날로 대체하여 부여할 수 있다.
(2) 근로자의 날
(3) 관공서의 공휴일에 관한 규정에 따른 공휴일 및 대체공휴일

제6조 (연차유급휴가)

① 1년간 80퍼센트 이상 출근 시 15일의 연차유급휴가를 부여하며, 계속근로년수 3년 초과 시 2년에 1개의 가산휴가를 부여한다.
② 1년 미만 근로자 및 1년간 80퍼센트 미만 출근자는 1개월 개근 시 1일의 연차유급휴가를 부여한다.

제7조 (퇴직급여)

사용자는 계속근로기간 1년 이상인 근로자가 퇴직할 경우 근로기준법 및 근로자퇴직급여 보장법에 따라 퇴직금 또는 퇴직연금을 지급한다.

제8조 (기타사항)

① 본 계약서에 명시되지 않은 근로조건은 회사의 제규정과 관련 법령에 따른다.
② 본 계약은 당사자 간의 자유로운 의사에 의해 체결되고, 근로자는 사용자로부터 근로계약서를 교부받았음을 확인한다.

20 년 월 일

사용자
회사명:
대 표: (인)

근로자
성 명: (인)
생년월일:

별첨 2 근로자대표 선임서 양식

근로자대표 선임서

주식회사 *중앙경제* 소속 근로자 *홍길동* 외 *30* 명은 아래와 같이 동료 직원 *김노무* 을/를 노사간 합의에 따른 *법정공휴일 휴일대체, 보상휴가제도의 도입* 과 관련하여 대표권을 수행하는 근로자대표로 선임함에 동의합니다.

2025년 1월 1일

연번	성 명	소 속	서명 또는 날인
1			
2			
3			
4			
5			
6			
7			
8			
9			
10			
11			

별첨 3 보상휴가제 서면합의서 양식

보상휴가제 서면 합의서

주식회사 *중앙경제* 대표이사 *김중앙* 과(와) 근로자대표 *김노무* 은(는) 근로기준법 제57조에 따라 다음과 같은 내용으로 보상휴가제를 시행하는 것에 합의한다.

제1조 (적용대상)

보상휴가제도는 *전 직원* 을(를) 대상으로 적용한다.

제2조 (대상 근로시간)

보상휴가제도는 연장·야간(22:00~06:00)·휴일근로시간에 대해 적용한다.

제3조 (휴가부여 기준)

보상휴가는 연장·야간(22:00~06:00)·휴일근로시간에 대해 가산율을 반영한 일수로 부여한다.

제4조 (휴가의 사용 기간)

보상휴가는 발생일로부터 *1년간* 근로자의 신청에 따라 사용하는 것을 원칙으로 한다. 단, 휴가의 사용 시기가 사업 운영에 지장을 주는 등 부득이한 사정이 있는 경우 사용자는 그 시기를 변경할 수 있다.

제5조 (미사용한 휴가의 정산)

제4조에 정한 기간 내에 사용하지 않은 보상휴가는 그 사용이 종료되는 월의 익월 임금지급일에 수당으로 지급한다.

제7조 (서면합의 유효기간)

본 합의서의 유효기간은 *2025년 1월 1일* 부터 1년간 적용하며, 변동사항이 없는 경우에는 그 후 1년간 자동 갱신되는 것으로 한다.

20 년 월 일

주식회사 OOOO		**근로자대표**	
대 표:	(인)	성 명:	(인)

별첨 4 연봉계약서 양식

연 봉 계 약 서

____*(사용자)*____(이하 '사용자'라고 한다)와 ____*(근로자)*____(이하 '근로자'라고 한다)은/는 다음과 같이 연봉계약을 체결한다.

제1조 (연봉계약기간)

① 연봉계약기간은 __*(2025년 1월 1일)*__부터__*(2025년 12월 31일)*__까지로 한다.
② 제1항에 정한 계약만료일 전까지 별도 합의가 없는 경우에는 기간이 종료된 이후에도 기존의 임금 수준을 유지하는 것으로 한다.

제2조 (임금의 구성항목)

① 연봉액은 __*60,000,000*__원으로 하며, 12분할하여 매월 지급한다. 월 지급액 세부내역은 아래와 같다.

월 급여(계)	*5,000,000* 원				
임금 구성항목	기본급 (209H)	고정연장근로 수당(33H) (5H×1.5×4.345)	직책수당	식대	합계
	3,618,182 원	*681,818* 원	*500,000* 원	*200,000* 원	*5,000,000* 원

② 근로자는 업무상 고정적으로 발생할 수 있는 연장근로에 대한 수당을 월 급여에 포함하여 지급함에 동의한다.

제3조 (임금의 지급방법 및 시기)

임금은 *매월 1일부터 말일까지 산정하여 익월 5일* 에 근로자 명의의 계좌로 이체한다. 급여일이 휴일인 경우에는 그 전일에 지급한다.

제4조 (비밀유지)

근로자는 자신의 연봉에 대하여 비밀을 엄수하여야 하고, 임금에 관한 사항을 타인에게 누설하지 않는다.

제5조 (기타사항)

① 본 계약서상 명시되지 않은 사항은 근로계약서와 회사의 제규정 및 관련 법령에 따른다.
② 본 계약은 당사자 간의 자유로운 의사에 의해 체결되고, 근로자는 사용자로부터 연봉계약서를 교부받았음을 확인한다.

20 년 월 일

사용자
회사명:
대 표: (인)

근로자
성 명: (인)
생년월일:

별첨 5 연차휴가 사용촉진 양식-1

연차휴가 사용 촉진 (1차)

■ 대상자

이 름:		입사일:	
소속부서:		생년월일:	

■ (2025) 년 연차휴가 사용내역

연차휴가 산정 기간:			
발생 연차휴가 일수:		사용 연차휴가 일수:	
연차휴가 사용 기간:		잔여 연차휴가 일수:	

1. 상기 대상자는 ___________까지 미사용한 연차휴가 _______일의의 사용시기를 지정하여 회사에 통보해주시기 바랍니다. (※ 휴가사용 계획서 활용)

2. 근로기준법 제61조에 따라 기한 내에 사용시기를 지정하여 통보하지 않는 경우 회사가 임의로 잔여 연차휴가의 사용시기를 지정할 수 있고, 지정된 시기에 연차휴가를 사용하지 않을 경우 연차휴가는 소멸함을 안내드립니다.

20 년 월 일

주식회사 OOOO

별첨 5 연차휴가 사용촉진 양식-2

연차휴가 사용 촉진 (2차)

■ **대상자**

이 름:		입사일:	
소속부서:		생년월일:	

■ **(*2025*) 년 연차휴가 사용내역**

연차휴가 산정 기간:			
발생 연차휴가 일수:		사용 연차휴가 일수:	
연차휴가 사용 기간:		잔여 연차휴가 일수:	

상기 대상자는______________까지 미사용 연차휴가에 대하여 사용 시기를 통보하지 않은 바, 회사가 미사용한 연차휴가의 사용시기를 지정하여 통보하오니, 지정된 날짜에 연차휴가를 모두 사용하시기 바랍니다. 각 지정된 휴가일은 근로제공의무를 면제받은 날로 근로제공이 제한됩니다.

■ **(*2025*) 년 잔여 연차휴가 사용 일정**

구분	상세 사용 일정	합계
11월	*5일, 20일*	*2일*
12월	*23일, 31일*	*2일*
총 합계		*4일*

20 년 월 일

주식회사 OOOO

별첨 5 연차휴가 사용촉진 양식-3

휴가 사용 계획서

성명: ______________

생년월일: ______________

소속부서: ______________

본인은 미사용한 연차휴가에 대해 다음과 같이 사용계획서를 제출합니다.

■ (*2025*) 년 잔여 연차휴가 사용 일정

구분	상세 사용 일정	합계
7월	*8일*	*1일*
8월	*28일, 29일, 30일*	*3일*
9월	*20일*	*1일*
10월		
11월	*20일*	*1일*
12월	*23일, 31일*	*2일*
총 합계		*8일*

20 년 월 일

제출자: ______________(인)

주식회사 OOOO

별첨 6 연차휴가 이월동의서 양식

연차휴가 이월사용 동의서

성 명: ____________________

생년월일: ____________________

소속 부서: ____________________

상기 본인은 연차유급휴가의 이월사용과 관련하여 다음과 같이 동의한다.

- 다 음 -

1. _2024_ 년 미사용 한 연차휴가에 대해 _2025년 12월 31일_ 까지 이월 사용하는 것에 동의한다.
2. 이월사용 기간까지 연차휴가를 모두 사용하도록 한다.
3. 휴가를 사용한 경우 먼저 발생한 휴가부터 순차적으로 사용한 것으로 한다.

20 년 월 일

동의인: ____________________ (인)

주식회사 OOOO 귀하

별첨 7 원천징수이행상황신고서-1 [소득세법시행규칙(별지 제21호서식)]

■ 소득세법 시행규칙 [별지 제21호서식](2024.12.31 개정) (10쪽 중 제1쪽)

① 신고구분						[ ]원천징수이행상황신고서 [ ]원천징수세액환급신청서	② 귀속연월	년 월
매월	반기	수정	연말	소득처분	환급신청		③ 지급연월	년 월

원천징수 의무자	법인명(상호)		대표자(성명)		일괄납부 여부	여, 부
					사업자단위과세 여부	여, 부
	사업자(주민) 등록번호		사업장 소재지		전화번호	
					전자우편주소	@

❶ 원천징수 명세 및 납부세액

(단위: 원)

소득자 소득구분			코드	원천징수명세: 소득지급 (과세 미달, 일부 비과세 포함) ④ 인원	⑤ 총지급액	징수세액 ⑥ 소득세 등	⑦ 농어촌특별세	⑧ 가산세	⑨ 당월 조정 환급세액	납부세액 ⑩ 소득세 등 (가산세 포함)	⑪ 농어촌특별세
개인(거주자·비거주자)	근로소득	간이세액	A01								
		중도퇴사	A02								
		일용근로	A03								
		연말정산 합계	A04								
		연말정산 분납신청	A05								
		연말정산 납부금액	A06								
		가감계	A10								
	퇴직소득	연금계좌	A21								
		그 외	A22								
		가감계	A20								
	사업소득	매월징수	A25								
		연말정산	A26								
		가감계	A30								
	기타소득	연금계좌	A41								
		종교인소득 매월징수	A43								
		종교인소득 연말정산	A44								
		가상자산	A49								
		인적용역	A59								
		그 외	A42								
		가감계	A40								
	연금소득	연금계좌	A48								
		공적연금(매월)	A45								
		연말정산	A46								
		가감계	A47								
	이자소득		A50								
	배당소득		A60								
	저축 등 해지 추징세액 등		A69								
	비거주자 양도소득		A70								
법인	내·외국법인원천		A80								
수정신고(세액)			A90								
총 합 계			A99								

❷ 환급세액 조정

(단위: 원)

전월 미환급 세액의 계산: ⑫ 전월 미환급세액	⑬ 기환급 신청세액	⑭ 차감잔액 (⑫-⑬)	당월 발생 환급세액: ⑮ 일반 환급	⑯ 신탁재산 (금융회사 등)	⑰ 그 밖의 환급세액: 금융회사 등	합병 등	⑱ 조정대상 환급세액 (⑭+⑮+⑯+⑰)	⑲ 당월조정 환급세액계	⑳ 차월이월 환급세액 (⑱-⑲)	㉑ 환급 신청액

원천징수의무자는 「소득세법 시행령」 제185조제1항에 따라 위의 내용을 제출하며, 위 내용을 충분히 검토하였고 원천징수의무자가 알고 있는 사실 그대로를 정확하게 적었음을 확인합니다.

년 월 일

신고인 (서명 또는 인)

세무대리인은 조세전문자격자로서 위 신고서를 성실하고 공정하게 작성하였음을 확인합니다.

세무대리인 (서명 또는 인)

세 무 서 장 귀하

신고서 부표 등 작성 여부 ※ 해당란에 "○" 표시를 합니다.		
부표(4~5쪽)	환급(7쪽~9쪽)	승계명세(10쪽)

세무대리인	
성 명	
사업자등록번호	
전화번호	
국세환급금 계좌신고	
예입처	
예금종류	
계좌번호	

210mm×297mm[백상지80g/㎡ 또는 중질지80g/㎡]

별첨 7 원천징수이행상황신고서-2[소득세법시행규칙(별지 제21호서식)]

(10쪽 중 제2쪽)

작성방법 (1)

※ **참고사항**

1. 신고서 부표 등 작성 여부란에는 해당란에 "○"표시를 합니다. 다만, 근로소득(A01,A02,A03,A04,A10) 중 파견근로에 대한 대가, 기타소득 중 비거주자의 가상자산소득(A49), 이자소득(A50), 배당소득(A60) 및 법인원천(A80)에 해당하는 소득을 지급하거나 저축 등 해지 추징세액 등(A69) 및 연금저축해지가산세를 징수한 원천징수의무자와 비거주자 또는 외국법인에 국내원천소득(「소득세법」 제119조의3제1항 또는 「법인세법」 제93조의3제1항에 해당하는 소득은 제외합니다)을 지급한 원천징수의무자는 반드시 원천징수이행상황신고서 부표를 작성하여 신고해야 합니다.
2. 원천징수세액을 환급신청하는 경우 원천징수세액환급신청서 부표, 기납부세액 명세서, 전월미환급세액 조정명세서를 제출해야 합니다.
3. 「소득세법」 제21조제1항제26호에 따른 종교인소득에 관하여는 2018년 1월 1일 이후에 발생하는 종교인소득에 대해 원천징수하는 경우부터 적용됩니다.
4. 「소득세법」 제119조제12호타목에 따른 비거주자의 가상자산소득에 관하여는 2027년 1월 1일 이후에 발생하는 가상자산소득에 대해 원천징수하는 경우부터 적용됩니다.
5. 「소득세법」 제21조제1항제19호에 따른 인적용역소득(A59)에 관하여는 2024년 1월 1일 이후에 지급하는 인적용역소득에 대해 원천징수하는 경우부터 적용됩니다.

1. 원천징수대상소득을 지급하는 원천징수의무자(대리인, 위임받은 자 또는 「소득세법」 제164조 및 「법인세법」 제120조에 따라 지급명세서를 작성하여 제출해야 하는 자를 포함합니다)는 납부(환급)세액의 유무와 관계없이 이 서식을 작성하여 제출해야 하며, 귀속연월이 다른 소득을 당월분과 함께 원천징수하는 경우에는 이 서식을 귀속월별로 각각 별지로 작성하여 제출합니다.
   - 「부가가치세법」 제5조제2항 및 제3항에 따라 사업자단위로 등록한 경우 법인의 본점 또는 주사무소에서는 사업자단위과세사업자로 전환되는 월 이후 지급하거나, 연말정산하는 소득에 대해 원천징수이행상황신고서를 작성하여 제출합니다.

2. 기본사항 및 소득구분

가. ① 신고구분란은 매월분 신고서는 "매월"에, 반기별 신고서는 "반기"에, 수정신고서는 "수정"에, 소득처분에 따른 신고 시에는 "소득처분"에 "○"표시(지점법인·국가기관 및 개인은 제외합니다)를 하며, 매월분 신고서에 계속근무자의 연말정산분이 포함된 경우에는 "매월" 및 "연말"란 두 곳에 모두 "○"표시를 합니다. 원천징수세액을 환급신청하려는 경우 "환급신청"란에도 "○" 표시를 합니다.

나. ② 귀속연월란은 소득발생 연월[반기별납부자는 반기 개시월(예: 상반기는 ××년 1월)을 말합니다]을 적습니다.

다. ③ 지급연월란은 지급한 월(또는 지급시기 의제월)[반기별납부자는 반기 종료월(예: 상반기는 ××년 6월)을 말합니다]을 적습니다.

라. ⑤ <u>총지급액란은 비과세 및 과세미달을 포함한 총지급액을 적습니다.</u> 다만, 비과세 근로소득의 경우 「소득세법 시행령」 제214조제1항 제2호의2 및 제2호의3에 해당하는 금액은 제외하고, 비과세 종교인소득의 경우 「소득세법」 제12조제5호아목에 해당하는 금액(「소득세법 시행령」 제19조제3항제3호에 따른 금액을 제외한 금액을 말합니다)은 제외하며, 비거주자 또는 외국법인의 국채등 이자·양도소득의 경우 「소득세법」 제119조의3제1항 또는 「법인세법」 제93조의3제1항에 해당하는 금액은 제외합니다.

마. [A26]연말정산란은 보험모집인 등 사업소득자(중도해약자를 포함합니다) 연말정산분을 함께 적습니다.

바. 가산세(⑧·⑩)란에는 소득세·법인세 또는 농어촌특별세의 가산세가 있는 경우 이를 포함하여 적습니다.

사. 비거주자 국내원천소득 중 개인분은 아래의 예와 같이 소득종류별로 거주자분과 합산하여 해당 소득란에 적고, 비거주자 중 법인분은 법인원천[A80]란에 합산하여 적습니다.

예) 임대·인적용역·사용료소득 등은 사업소득[A25, A26, A30]란, 유가증권양도소득 등은 비거주자 양도소득[A70]란에 합산합니다.

3. 원천징수 명세 및 납부세액(❶)과 환급세액 조정(❷)

가. 소득지급(④·⑤)란에는 과세미달분과 비과세를 포함한 총지급액과 총인원을 적고, 퇴직 · 기타 · 연금소득의 연금계좌란은 연금계좌에서 지급된 금액을 적습니다(그 외는 연금계좌 외로 지급되는 금액을 적음). 다만, 총지급액은 근로소득(A02, A04) 퇴직소득(A20), 사업소득(A26), 기타소득(A44)의 경우에는 주(현), 종(전) 근무지 등으로부터 지급받은 소득을 합산하여 원천징수하는 경우에는 총지급액의 합계액을 적습니다.

나. 징수세액(⑥ ~ ⑧)란에는 각 소득별로 발생한 납부 또는 환급할 세액을 적되, 납부할 세액의 합계는 총합계 (A99의 ⑥ ~ ⑧)에 적고, 환급할 세액은 해당란에 "△"표시하여 적은 후 그 합계액은 ⑮ 일반환급란에 적습니다["△"표시된 세액은 어떠한 경우에도 총합계를 (A99의 ⑥ ~ ⑪)란에는 적지 않습니다] .

210mm×297mm[백상지 80g/㎡ 또는 중질지 80g/㎡]

별첨 7 원천징수이행상황신고서-3[소득세법시행규칙(별지 제21호서식)]

(10쪽 중 제3쪽)

작성방법 (2)

다. 근로소득 연말정산 분납신청(A05)은 분납할 인원(④), 징수세액(⑥ ~ ⑧)만 기재, 징수세액란은 A04 = A05 + A06이 되도록 적습니다.
  1) 인원(④), 총지급액(⑤)의 가감계(A10) = (A01 + A02 + A03 + A04), 징수세액(⑥ ~ ⑧)의 가감계(A10) = (A01 + A02 + A03 + A06)
  ※ 3월 신고분 분납신청(A05) = 4월 신고분 납부금액(A06) + 5월 신고분 납부금액(A06)

라. 근로소득·사업소득·기타소득, 연금소득 경우 납부할 세액 또는 환급할 세액의 계산은 코드별 가감 계[A10, A30, A40, 또는 A47]의 금액을 기준으로 합니다.
  1) 징수세액(⑥ ~ ⑧)란에 납부할 세액만 있는 경우에는 소득별로 납부세액(⑩·⑪)란에 옮겨 적습니다.
  2) 징수세액(⑥ ~ ⑧)란에 환급할 세액만 있는 경우에는 그 합계를 ⑯ 일반환급란에 적습니다.
  3) 징수세액(⑥ ~ ⑧)란에 각 소득종류별로 납부할 세액과 환급할 세액이 각각 있는 경우는 다음과 같이 적습니다.
   가) 납부할 세액의 합계가 조정대상 환급세액보다 큰 경우에는 ⑱ 조정대상환급세액란의 금액을 ⑨ 당월조정환급세액란에 코드 [A10, A20, · ·]순서대로 적어 조정환급하고, 잔액은 납부세액(⑩·⑪)란에 적습니다.
   나) 납부할 세액의 합계가 환급할 세액인 ⑱ 조정대상환급세액보다 작은 경우에는 위와 같은 방법으로 조정하여 환급하고, 그 나머지는 납부세액(⑩·⑪)란에 적지 아니하며, ⑳ 차월이월 환급세액란에 적습니다.
   ※ 위의 가) 및 나)에 따른 세목(소득세·법인세 및 농어촌특별세)간 조정환급은 그 조정환급 명세를 원천징수이행상황신고서에 적은 경우에만 가능하며, 원천징수이행상황신고서에 적지 않고 임의 조정하여 충당한 경우에는 무납부로 처리됩니다.
   다) ⑨ 당월조정환급세액란의 합계액[A99코드의 ⑨]은 ⑲ 당월조정환급세액계란에 옮겨 적습니다.
  4) ⑰ 그 밖의 환급세액란은 금융회사 등이 「소득세법 시행령」 제102조에 따라 환매조건부채권의 매매거래에 따른 원천징수세액을 환급하는 금액 및 「법인세법 시행령」 제114조의2에 따라 환매조건부채권 등의 매매거래에 따른 원천징수세액을 환급하는 금액을 "금융회사 등"란에 적어 먼저 법인세부터 ⑨ 당월조정환급세액란에서 조정환급하고, 나머지는 위 3)의 방법과 같이 조정합니다. 또한 합병법인이 피합병법인의 최종 차월 이월 환급세액을 승계하거나, 사업자단위과세로 지점 등의 최종 차월이월 환급세액을 승계하는 경우 그 승계금액을 "합병 등"란에 적을 수 있습니다. "합병 등"란에 피합병법인 및 지점 등의 최종 차월이월 환급세액을 적은 경우에는 합병 및 사업자단위과세 전환 등에 따른 차월이월 환급세액 승계 명세서(제10쪽)를 제출해야 합니다.
  5) ⑳ 차월이월 환급세액 중 환급받으려는 금액을 ㉑ 환급신청액에 적고 원천징수세액환급신청서 부표를 작성합니다.

마. 저축 등 해지 추징세액 등(A69)란은 이 서식 부표의 [C41, C42, C43, C44, C45, C46]의 합계를 적습니다.

바. 납부세액의 납부서는 신고서·소득종류별(근로소득세, 퇴직소득세 등)로 별지에 작성하여 납부합니다.

4. 반기별 신고·납부자의 신고서 작성방법
 가. 인원
  1) 간이세액(A01): 반기(6개월)의 마지막 달의 인원을 적습니다.
  2) 중도퇴사(A02): 반기(6개월) 중 중도퇴사자의 총인원을 적습니다.
  3) 일용근로(A03): 월별 순인원의 6개월 합계 인원을 적습니다.
  4) 사업(A25)·기타소득(A40): 지급명세서 제출대상인원(순인원)을 적습니다.
  5) 퇴직(A20)·이자(A50)·배당(A60) 및 법인원천(A80): 지급명세서 제출대상 인원을 적습니다.
 나. 지급액: 신고·납부 대상 6개월 합계액을 적습니다.
 다. 귀속월, 지급월, 제출일은 다음과 같이 적습니다.
  1) 1월 신고·납부: 귀속월 201X년 7월, 지급월 201X년 12월, 제출일 201X년 1월
  2) 7월 신고·납부: 귀속월 201X년 1월, 지급월 201X년 6월, 제출일 201X년 7월
 라. 반기납 포기를 하는 경우 반기납 개시월부터 포기월까지의 신고서를 한 장으로 작성합니다.
  (예) 2010년 4월 반기납 포기: 귀속연월에는 반기납 개시월(2010년 1월)을, 지급연월에는 반기납 포기월(2010년 4월)을 적습니다.

※ 수정원천징수이행상황신고서 작성방법(① 신고구분란에 수정으로 표시된 경우를 말합니다)

1. 처음 신고분 자체의 오류정정만 수정신고대상에 해당합니다(따라서 추가지급 등에 의한 신고는 귀속연월을 정확히 적어 정상신고해야 합니다).
2. 수정신고서는 별지로 작성·제출하며, 귀속연월과 지급연월은 반드시 수정 전 신고서와 동일하게 적습니다.
3. 수정 전의 모든 숫자는 상단에 빨강색으로, 수정 후 모든 숫자는 하단에 검정색으로 적습니다.
4. 수정신고로 발생한 납부 또는 환급할 세액은 수정 신고서의 [A90]란은 적지 않으며, 그 세액은 수정신고하는 월에 제출하는 당월분 신고서의 수정신고 [A90]란에 옮겨 적어 납부·환급세액을 조정해야 합니다.

210mm×297mm[백상지 80g/㎡ 또는 중질지 80g/㎡]

별첨 7 원천징수이행상황신고서-4[소득세법시행규칙(별지 제21호서식)]

(10쪽 중 제4쪽)

사업자등록번호 □□□-□□-□□□□□

원천징수이행상황신고서 부표

(단위: 원)

소득자 소득구분				코드	소득지급		징수세액			조정환급세	납부세액	
					인원	총지급액	소득세 등	농어촌특별세	가산세		소득세 등(가산세)	농어촌특별세
거주자(개인)	이자·배당소득	비과세소득	장기주택마련저축	C01								
			비과세종합저축	C02								
			개인연금저축	C03								
			장기저축성보험차익	C05								
			조합 등 예탁금	C06								
			조합 등 출자금	C07								
			농어가목돈마련저축	C08								
			우리사주 배당소득	C10								
			농업회사법인 배당소득	C20								
			영농·영어조합법인 배당소득	C23								
			재형저축 이자·배당소득 ·	C40								
			개인종합자산관리계좌 이자·배당소득	C60								
			청년우대형 주택청약종합저축	C27								
			장병내일준비적금	C31								
			기타 비과세이자소득	C19								
			기타 비과세배당소득	C29								
		세금특례	기타 이자·배당소득	C11								
			영농·영어조합법인 배당소득	C54								
			농업회사법인 배당소득	C55								
			부동산집합투자기구 등 집합투자증권의 배당소득	C56								
			고위험·고수익투자신탁 배당소득	C57								
			개인종합자산관리계좌 이자·배당소득	C93								
			공모부동산집합투자기구의 집합투자증권의 배당소득	C94								
		세금우대	이자소득(9%)	C12								
			배당소득(9%)	C22								
			특정사회기반시설 집합투자기구 배당소득(9%)	C95								
		일반세율(14%) 분리과세	기타 분리과세 이자소득	C13								
			직장공제회 초과반환금(기본세율)	C18								
			부동산집합투자기구 등 집합투자증권의 배당소득	C58								
			기타 분리과세 배당소득	C39								
			투융자집합투자기구 배당소득	C96								
		일반과세	이자소득	C14								
			배당소득	C24								
		고배당기업	배당소득(9%)	C91								
			배당소득(25%)	C92								
		비실명소득	비실명이자소득	C15								
			비실명배당소득	C25								
		비영업대금이익 (25%)		C16								
		출자공동사업자(25%)		C26								
		이자·배당소득 계		C30								
	근로	파견근로에 대한 대가	19%	C59								
	해지추징세 등	벤처기업투자신탁	3.5%	C41								
		장기주택마련저축	4,8%	C42								
		연금저축	2%	C43								
		소기업·소상공인공제부금	2%	C44								
		주택청약종합저축	6%	C45								
		장기집합투자증권저축	6%	C46								
		청년형장기집합투자증권저축	6%	C48								
		해지추징 계		C50								

210mm×297mm[백상지 80g/㎡ 또는 중질지 80g/㎡]

별첨 7 원천징수이행상황신고서-5[소득세법시행규칙(별지 제21호서식)]

(10쪽 중 제5쪽)

소득자 소득구분				코드	소득지급		징수세액			조정환급세액	납부세액	
					인원	총지급액	소득세 등	농어촌특별세	가산세		소득세 등(가산세)	농어촌특별세
비거주자(개인)	이자		제한, 20%	C61								
	배당		제한, 20%	C62								
	사업	선박 등 임대, 사업	2%	C63								
		인적용역	20%, 3%	C64								
		사용료	제한, 20%	C65								
	양도	유가증권 양도	10%, 20%	C66								
		부동산 양도	10%, 20%	C67								
	기타	가상자산	10%, 20%	C77								
		그 외	20%	C68								
	근로	파견근로에 대한 대가	19%	C69								
	비거주자 계			C70								
법인원천	내국법인	이자	14%	C71								
		투자신탁의 이익	14%	C72								
		신탁재산 분배	14%	C73								
		신탁업자 징수분	14%	C74								
		비영업대금의 이익(25%)		C75								
		비과세 소득 등		C76								
	외국법인(국내원천소득)	이자	제한, 20%	C81								
		배당	제한, 20%	C82								
		선박 등 임대, 사업	2%	C83								
		인적용역	20%, 3%	C84								
		사용료	제한, 20%	C85								
		유가증권양도	10%, 20%	C86								
		부동산 양도	10%, 20%	C87								
		기타 가상자산	10%, 20%	C89								
		기타 가상자산 외	20%	C88								
	법인세 계			C90								

210㎜×297㎜[백상지 80g/㎡ 또는 중질지 80g/㎡]

별첨 7 원천징수이행상황신고서-6[소득세법시행규칙(별지 제21호서식)]

(10쪽 중 제6쪽)

원천징수이행상황신고서 부표 작성방법

◇ 이 서식은 원천징수이행상황신고서 제1쪽의 근로소득(A01,A02,A03,A04,A10) 중 파견근로에 대한 대가, 기타소득 중 가상자산소득(A49), 이자소득(A50), 배당소득(A60), 비거주자양도소득(A70), 법인원천(A80) 원천징수명세(④ ~ ⑧) 및 납부세액(⑩·⑪), 저축해지추징세액(A69), 사업소득(A25, A26, A30), 기타소득(A40) 중 비거주자분에 대한 원천징수명세 및 납부세액 대하여 아래의 작성방법에 따라 적어야 합니다.

◇ 이 서식의 신고내용이 변경되는 경우에는 원천징수이행상황신고서 제1쪽의 내용도 수정하여 작성해야 합니다.

1. [C01-C10, C20, C23, C27, C31, C40, C60]: 「조세특례제한법」의 장기주택마련저축, 비과세종합저축, 개인연금저축, 조합 등 예탁금, 조합 등 출자금, 농어가목돈마련저축, 우리사주 배당소득, 농업회사법인 배당소득, 영농(영어)조합법인 배당소득, 재형저축, 개인종합자산관리계좌, 청년우대형 주택청약종합저축, 장병내일준비적금 등 비과세 이자·배당소득과 「소득세법」의 저축성보험차익에 해당하지 않은 비과세 보험차익으로 소득세가 비과세되는 해당 저축상품의 소득지급란의 인원, 총지급액을 적으며 이자소득 또는 배당소득의 합계액을 적습니다.
2. [C19, C29]는 「조세특례제한법」 및 「소득세법」에 따라 비과세되는 저축상품([C01-C10, C20, C23, C28, C40] 란 작성대상 저축상품 제외)에 해당되는 소득에 대하여 소득지급란의 인원, 총지급액을 적으며 이자 또는 배당소득의 해당란에 각각 적습니다.
3. [C11, C54, C55, C56, C57, C93, C94]은 장기채권 (30%), 「조세특례제한법」의 영농(영어)조합법인 배당소득 등 특례세율이 적용되는 이자 또는 배당소득의 소득지급란의 인원, 총지급액을 적으며 이자 또는 배당소득의 해당란에 각각 적습니다.
4. [C12, C22, C95]는 「조세특례제한법」의 세금우대종합저축 및 특정사회기반시설 집합투자기구의 소득지급란의 인원, 총지급액을 적으며 이자 또는 배당소득의 해당란에 각각 적습니다.
5. [C13, C18, C39, C58]은 「조세특례제한법」 또는 「소득세법」에 따라 일반세율이 적용되면서 분리과세되는 소득과 직장공제회초과반환금(기본세율)으로 분리과세 해당되는 소득의 소득지급란의 인원, 총지급액을 적으며 이자 또는 배당소득의 해당란에 각각 적습니다.
6. [C14, C24]는 일반세율(22%,20%,15%,14% 등)이 적용되고, 거주자에 지급하는 소득지급란의 인원, 총지급액을 적으며 이자 또는 배당소득의 해당란에 적습니다.
7. [C15, C25]는 「금융실명거래 및 비밀보장에 관한 법률」에 따라 90% 세율이 적용되는 비실명 거래분과 「소득세법」에 따라 비실명 소득에 대한 원천징수명세를 이자소득 또는 배당소득의 해당란에 적습니다.
8. [C16]은 비영업대금의 이자소득에 대한 원천징수명세를 적습니다.
9. [C26]은 「소득세법」 제17조제1항제8호에 따라 출자공동사업자의 배당소득에 대한 원천징수명세를 적습니다.
10. [C30]은 이자·배당소득의 원천징수합계액을 적으며 C30, C61, C62의 합계액과 A50, A60의 합계액과 일치해야 합니다.
11. [C59],[C69] 란은 원천징수이행상황신고서 근로소득(A01,A02,A03,A04,A10) 중 사용내국법인이 파견외국법인에게 지급한 파견근로에 대한 대가의 원천징수 명세를 적습니다.
12. [C41](벤처기업투자신탁)란: 벤처기업투자신탁의 수익증권에 투자하여 소득공제를 받은 거주자가 투자일부터 3년이 지나기 전에 벤처기업투자신탁의 수익증권을 양도하거나 환매하는 경우 해당 벤처기업투자신탁을 취급하는 금융기관이 추징하는 해지 추징세액을 적고, 해당 금융회사 등이 추징하는 배당소득은 [C24](일반과세)란에 적습니다.
13. [C42](장기주택마련저축추징세액)란은 장기주택마련저축에 가입하고 주택자금공제를 받은 자가 계약일부터 5년 이내에 중도해지 하는 경우에는 해당 저축기관이 추징하는 해지 추징세액(근로소득)을 적고, 해당 금융회사 등이 추징하는 이자소득은 [C14](일반과세)란에, 배당소득은 [C24](일반과세)란에 적습니다.
14. [C43](연금저축해지가산세)란은 연금저축을 계약일부터 5년 이내에 중도해지하는 경우에는 해당 저축취급 금융회사 등이 추징하는 해지가산세(세목: 근로소득)를 적으며, 저축납입계약만료 전에 해지하거나 연금 외의 형태로 지급받아 기타소득으로 과세되는 경우에는 (제1쪽) [A40](기타소득)란에만 적습니다. 연금소득은 (제1쪽) [A45](연금소득 매월징수)란에만 적습니다.
15. [C44](소기업·소상공인공제부금 해지가산세)란은 소기업·소상공인공제계약이 가입일부터 5년 이내에 중도해지하는 경우에는 중소기업중앙회가 추징하는 해지가산세(세목: 근로소득)를 적으며, 공제계약해지로 인한 기타소득은 (제1쪽)[A40](기타소득)란에만 적습니다.
16. [C45](주택청약종합저축추징세액)란은 주택청약종합저축에 가입하고 주택자금공제를 받은 자가 계약일부터 5년 이내에 중도해지하거나 국민주택규모 초과 주택에 당첨된 경우에는 해당 저축기관이 추징하는 해지 추징세액(근로소득)을 적고, 해당 금융회사 등이 추징하는 이자소득은 [C14](일반과세)란에 적습니다.
17. [C46](장기집합투자증권저축추징세액)란은 장기집합투자증권저축에 가입하고 장기집합투자증권저축 소득공제를 받은 자가 계약일부터 5년 이내에 중도해지하는 경우에는 해당 저축기관이 추징하는 해지 추징세액(근로소득)을 적고, 해당 금융회사 등이 추징하는 이자소득은 [C14](일반과세)란에 적습니다.
18. [C48](청년형장기집합투자증권저축추징세액)란은 청년형장기집합투자증권저축에 가입하고 청년형장기집합투자증권저축 소득공제를 받은 자가 계약일부터 3년 이내에 중도해지하는 경우에는 해당 저축기관이 추징하는 해지 추징세액(근로소득)을 적고, 해당 금융회사 등이 추징하는 배당소득은 [C14](일반과세)란에 적습니다.
19. [C50]란은 저축 등 해지 추징세액의 합계액을 적으며 추징세액은 근로소득세로 납부합니다.
20. [C61-C70, C77](비거주자)란은 「소득세법」상 비거주자에게 지급하는 이자소득·배당소득·사업소득·양도소득·기타소득 및 근로소득에 대한 원천징수명세를 적으며, 신고서 제1쪽의 해당 소득 [A25],[A40],[A50],[A60],[A69],[A70]란에 각각 적습니다.
21. [C71](이자)란은 내국법인에 지급하는 일반세율의 이자소득의 원천징수세액을 적습니다. [C72](투자신탁의 이익)란은 「소득세법」 제17조제1항제5호에 따른 집합투자기구로부터의 이익 중 투자신탁의 이익에 대한 원천징수세액을 적습니다.
22. [C73](신탁재산 분배)란은 「자본시장과 금융투자업에 관한 법률」에 따른 신탁업자가 신탁이익을 분배하면서 원천징수한 명세를 적습니다.
23. [C74](신탁업자 징수분)란은 「자본시장과 금융투자업에 관한 법률」에 따른 신탁업자가 집합투자업자의 신탁재산에 원천징수한 명세를 적고, 신탁업자가 신탁재산 귀속소득에 대하여 원천징수한 명세는 [C72]투자신탁의 이익란에 적습니다.
24. [C75](비영업대금의 이익)란은 내국법인에 지급한 비영업대금의 이익에 대한 원천징수명세를 적습니다.
25. [C76](비과세법인소득)란은 내국법인에 지급한 비과세 소득금액을 적습니다.
26. [C81-C89]란은 외국법인의 국내원천소득에 대한 원천징수명세를 적습니다.
27. [C90](법인세계)란은 법인(외국법인 포함)에 지급한 소득에 대한 원천징수 합계액을 적습니다[법인원천(A80)=법인세 계(C90)]

◇ 채권 등의 중도매매 관련 원천징수이행상황신고 시에는 아래와 같은 방법으로 원천징수이행상황신고서를 작성하기 바랍니다.
- o 「소득세법」 제46조가 적용되는 채권의 중도매매의 경우 채권 등을 거주자 등으로부터 매수한 법인은 개인보유기간의 이자상당액에 대하여 원천징수해야 하며, 거주자에게 원천징수영수증을 발급하고 지급명세서를 제출합니다.
- o 채권과세 특례의 경우 비거주자는 [C61]소득지급란의 인원 및 총지급액에 개인보유기간의 이자상당액을 포함하여 작성하며, 「소득세법 시행령」 제102조에 따른 환매조건부채권의 매매거래 시 원천징수한 세액을 포함하여 적고, 환급세액을 조정환급세액란에 적습니다.

210mm×297mm[백상지 80g/㎡ 또는 중질지 80g/㎡]

별첨 8 주민세 종업원분 신고서-1 [지방세법시행규칙(별지 제39호의2서식)]

■ 지방세법 시행규칙[별지 제39호의2서식](2024.12.31 개정)

주민세(종업원분) 신고서

※ 색상이 어두운 난은 신청인이 작성하지 아니하며, 제3쪽의 작성방법을 읽고 작성하시기 바랍니다. (3쪽중 제1쪽)

신고인 (납세자)	① 사업소명(상호)	
	② 성명(법인명)	③ 주민(법인)등록번호
	④ 본점 소재지	⑥ 사업자등록번호
	⑤ 사업소(과세대상) 소재지	
	⑦ 전화번호	⑧ FAX번호

년 월분 신고납부 (급여지급일: 년 월 일)	⑨ 종업원 수 (소수점 이하 1자리까지 기재)	⑩ 최근 1년간 종업원 급여총액의 월평균금액 (소수점 이하 1자리까지 기재)	과세표준		
			⑪ 급여총액	⑫ 과세제외급여액	⑬ 과세급여총액
	인	원	원	원	원

「지방세법」 제84조의5에 따른 과세표준 공제액

⑭ 직전 연도 월평균 종업원수 (소수점 이하 1자리까지 기재)	⑮ 신고월의 월 적용급여액 (⑬ /⑨)	⑯ 과세표준 공제액 (⑮×(⑨-⑭))
인	원	원

납부할 세액	⑰ 산출과표 (⑬-⑯)	원	⑱ 산출세액 (⑰×0.5%)	원	무신고가산세	원
					과소신고가산세	원
					납부지연가산세	원
					⑲ 가산세 합계	원
	⑳ 신고세액합계 (⑱+⑲)					원

「지방세법」 제84조의6 및 같은 법 시행령 제85조의4에 따라 위와 같이 신고합니다.

년 월 일

신고인(납세자) (서명 또는 인)

시장 · 군수 · 구청장 귀하

접수증

(접수번호)

성명(법인명)		주 소	
년 주민세(종업원분) 신고서 접수증입니다.	접수자		접수일
	성명	(서명 또는 인)	

210mm×297mm(일반용지 60g/㎡(재활용품))

별첨 8 주민세 종업원분 신고서-2[지방세법시행규칙(별지 제39호의2서식)]

(3쪽중 제2쪽)

급여 총괄표

납세 의무자	사업소명(상호)	
	성명(법인명)	주민(법인)등록번호
	사업소(과세대상) 소재지	사업자등록번호
	전화번호	FAX 번호

사업소 인원 (소수점 이하 1자리까지 기재)	계	상시고용종업원	수시고용종업원	비고

20○○년 월분 급여 합계(**급여지급일: 20○○년 월 일)**

과 세 대 상		비과세대상		비 고
구 분	급여액	구 분	급여액	
기본급		기본급		
수 당		수 당		
상여금		상여금		
기 타		기 타		
합 계		합 계		

최근 12개월간 월급여총액(소수점 이하 1자리까지 기재)

※ 신고월(급여지급일이 속한 달) 이전 최근 12개월간의 월급여를 순서대로 기재합니다.

월별	평균	○○년	○○년	○○년	○○년	○○년	○○년	○○년	○○년	○○년	○○년	○○년	○○년
		월	월	월	월	월	월	월	월	월	월	월	신고월
급여 총액													

직전 연도 월별 종업원수 (소수점 이하 1자리까지 기재)

※ 「지방세법」 제84조의5에 따른 중소기업 고용지원 공제 대상에 해당하는 경우만 작성합니다

월별	계	1월	2월	3월	4월	5월	6월	7월	8월	9월	10월	11월	12월
종업 원수													

별첨 8 주민세 종업원분 신고서-3[지방세법시행규칙(별지 제39호의2서식)]

(3쪽중 제3쪽)

작성방법

□ 신고인(납세자)란

① **사업소명(상호)**: 「부가가치세법」 제8조, 「법인세법」 제111조, 「소득세법」 제168조에 따라 사업자등록을 한 경우 등록된 상호명을, 사업자등록을 하지 않은 경우에는 내부관리명칭을 사업소명으로 적습니다.

※ 사업소: 「지방세법」 제74조제4호에 따라 인적 및 물적 설비를 갖추고 계속하여 사업 또는 사무가 이루어지는 장소를 말합니다.

② **성명(법인명)**: 개인의 경우 성명, 법인의 경우 법인등기부등본상의 상호명을 적습니다.

③ **주민(법인)등록번호**: 개인은 주민등록번호, 외국인은 외국인등록번호, 법인은 법인등록번호를 적습니다.

④ **본점 소재지**: 법인등기부등본상 본점 소재지를 적습니다.

⑤ **사업소(과세대상) 소재지**: 신고하려는 사업소의 도로명 주소 또는 지번주소를 적습니다.

⑥ **사업자등록번호**: 해당 사업소에 사업자등록을 한 경우에는 사업자등록번호를 적고, 사업자등록을 하지 않은 경우에는 빈 칸으로 둡니다.

⑦ **전화번호**: 연락이 가능한 유선전화 또는 휴대전화 번호를 적습니다.

※ 기재착오, 계산착오 등으로 과세관청에서 연락이 필요한 경우에 활용합니다.

⑧ **FAX번호**: 수신이 가능한 FAX번호를 기재하되, 기재를 원하지 않는 경우 생략할 수 있습니다.

□ 신고납부란

⑨ **종업원 수**: 「지방세법 시행규칙」 제38조의2에 따른 월 통상인원[해당 월의 상시고용 종업원수 + (해당 월의 수시고용 종업원의 연인원/해당 월의 일수)]을 산출하여 기재합니다.

※ 수시고용 종업원의 연인원은 수시고용 종업원이 근무한 일수의 합계를 의미합니다.

(예시) 수시고용 종업원 3명이 각 10일, 15일, 20일씩 근무한 경우: (10×1 + 15×1 + 20×1) = 45

⑩ **최근 1년간 종업원 급여총액의 월평균금액**: 신고월을 포함하여 최근 12개월간 해당 사업소의 종업원에게 지급한 급여총액을 12로 나눈 값을 기재합니다. 이 경우 개업 또는 휴·폐업 등으로 영업한 날이 15일미만인 달의 급여총액과 그 개월수는 제외합니다.

⑪ **급여총액**: 신고월에 종업원에게 지급한 급여의 총액을 적습니다.

⑫ **과세제외급여액**: 「소득세법」 제12조제3호에 따른 비과세 대상 급여액을 적습니다.

⑬ **과세급여총액**: 급여총액에서 과세제외급여액을 차감한 금액(⑪-⑫)을 적습니다.

□ 「지방세법」 제84조의5에 따른 과세표준 공제액란

⑭ **직전 연도 월평균 종업원 수**: 「중소기업기본법」 제2조에 따른 중소기업의 사업주가 종업원을 추가로 고용한 경우 직전 연도의 월평균 종업원 수를 기재하되, 그 수가 50명 이하인 경우에는 50명으로 기재합니다.

⑮ **신고월의 월 적용급여액**: 과세급여총액(⑬)을 종업원 수(⑨)으로 나눈 값을 적습니다.

⑯ **과세표준 공제액**: 다음 계산식에 따라 산출한 값을 적습니다. 이 경우 다음 각 호의 어느 하나에 해당하는 경우에는 다음 각 호에서 정하는 달부터 1년 동안(해당 월의 종업원 수가 50명을 초과하는 달만 해당합니다) 월평균 종업원 수 50명에 해당하는 월 적용급여액을 공제액으로 합니다.

과세표준 공제액 = 신고월의 월 적용급여액(⑮) x [신고월의 종업원 수(⑨) - 직전 연도 월평균 종업원 수(⑭)]

1. 사업소를 신설하면서 50명을 초과하여 종업원을 고용하는 경우: 종업원분을 최초로 신고하여야 하는 달
2. 해당 월의 1년 전(해당 월의 과거 1년 내에 사업소를 신설한 경우에는 신설한 달을 말합니다)부터 계속하여 매월 종업원 수가 50명 이하인 사업소가 추가 고용으로 그 종업원수가 50명을 초과하는 경우(과거 5년 내에 종업원 수가 1회 이상 50명을 초과한 사실이 있는 사업소의 경우는 제외함): 해당 월의 종업원분을 신고하여야 하는 달

□ 납부할 세액란

⑰ **산출과표**: 과세급여총액에서 공제액을 차감한 액수(⑬-⑯)를 적습니다.

⑱ **산출세액**: 산출과표(⑰)에 「지방세법」 제84조의3에 따른 세율을 곱하여 산출한 세액을 적습니다.

⑲ **가산세 합계**: 「지방세기본법」 제53조의 무신고 가산세, 같은 법 제54조의 과소신고가산세, 같은 법 제55조의 납부지연가산세를 산출하여 합계금액을 적습니다. 이 경우 같은 법 제57조에 따른 가산세의 감면사유에 해당하는 경우에는 감면 후의 금액을 적습니다.

⑳ **신고세액 합계**: 신고인이 납부하여야 할 세액의 합계(⑱+⑲)를 적습니다.

□ **문의사항은 시(군·구) 과(☎ -)로 문의하시기 바랍니다.**

210㎜×297㎜[백상지(80g/㎡) 또는 중질지(80g/㎡)]

별첨 9 거주자의 기타소득 간이지급명세서-1 [소득세법시행규칙(별지 제24호의4서식(3))]

■ 소득세법 시행규칙 [별지 제24호의4서식(3)] (2023.12.29 개정) (3쪽 중 제1쪽)

간이지급명세서
(거주자의 기타소득)
([ ]지급자 보관용 [ ]지급자 제출용)

❶ 지급자 인적사항 및 지급내용 합계사항

① 상호 (법인명, 성명)	② 사업자(주민) 등록번호	③ 소재지 (주 소)	④ 소득인원	⑤ 총지급액 (⑮번 합계)

⑥ 지급연도		⑦ 지급월 (해당 월에 "○")	[ ]1월 [ ]2월 [ ]3월 [ ]4월 [ ]5월 [ ]6월 [ ]7월 [ ]8월 [ ]9월 [ ]10월 [ ]11월 [ ]12월

❷ 소득자 인적사항 및 기타소득 내용

일련 번호	⑧ 귀속 연도	⑨ 귀속 월	⑩ 소득 구분	⑪ 소득자 성명(상호)	⑫ 주민(사업자) 등록번호	⑬ 외국인 여부 (외국인 "○")	⑭ 지급 건수	⑮ 지급액	⑯ 필요 경비	⑰ 소득 금액	⑱ 세율	⑲ 소득세	⑳ 지방 소득세	㉑ 계 (⑲+⑳)
1														
2														
3														
4														
5														
6														
7														
8														
9														
10														
11														
12														
13														
14														
15														

지급자는 「소득세법」 제164조의3제1항에 따라 위의 내용을 제출하며, 위 내용을 충분히 검토하고 지급자가 알고 있는 사실 그대로를 정확하게 적었음을 확인합니다.

년 월 일

제출자: (서명 또는 인)

※ 서식작성에 관한 설명은 뒷면의 작성방법을 참고하시기 바랍니다.

210㎜×297㎜(백상지 80g/㎡)

별첨 9 거주자의 기타소득 간이지급명세서-2[소득세법시행규칙(별지 제24호의4서식(3))]

(3쪽 중 제2쪽)

작성방법

■ **이 서식은 인터넷을 이용한 홈택스(www.hometax.go.kr), 스마트폰 손택스(앱)을 이용하면 간편하게 작성할 수 있습니다.**

1. 이 서식은 「소득세법」 제2조에 따라 소득세 납세의무가 있는 거주자에게 같은 법 제21조제1항제19호에 해당하는 기타소득(예: 강연료, 자문료 등)을 지급한 경우에 작성합니다.
   - 「소득세법」 제19조제1항제21호에 따른 인적용역사업자에게 지급하는 영리목적의 독립적이고 계속 · 반복적 소득(예: 학원강사, 전문 컨설턴트)에 대해서는 이 서식을 작성하지 않고 간이지급명세서(거주자의 사업소득)를 작성합니다.

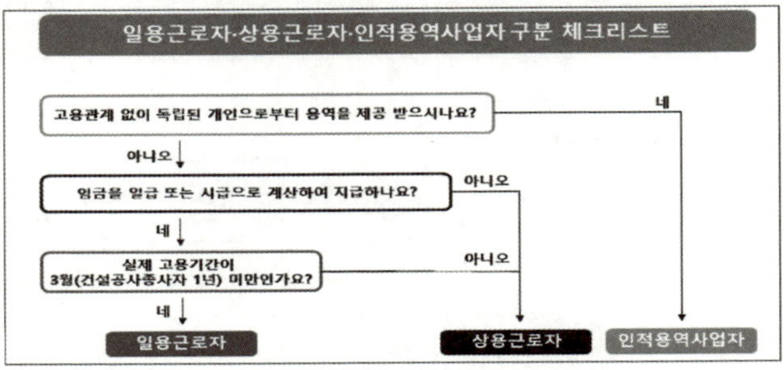

2. 지급자는 소득 지급일이 속하는 달의 다음 달 말일(휴업, 폐업 또는 해산한 경우에는 휴업일, 폐업일 또는 해산일이 속하는 달의 다음 달 말일)까지 제출해야 합니다.
3. 이 서식은 아래 순서에 따라 작성합니다.

가. ⑥ 지급연도란은 소득자에게 대가를 지급한 연도를 적습니다.
⑦ 지급월란은 소득자에게 대가를 지급한 월에 "○" 를 표시합니다.

나. ⑧ 귀속연도란 및 ⑨ 귀속월란은 소득자로부터 용역을 제공받은 연도와 월을 적습니다.

다. ⑩ 소득구분란은 아래의 소득구분표에서 해당하는 코드번호를 적습니다.

코드	소득구분
76	다음 각 목의 어느 하나에 해당하는 인적용역을 일시적으로 제공하고 받는 대가 가. 고용관계 없이 다수인에게 강연을 하고 강연료 등 대가를 받는 용역 나. 라디오 · 텔레비전방송 등을 통하여 해설 · 계몽 또는 연기의 심사 등을 하고 보수 또는 이와 유사한 성질의 대가를 받는 용역 다. 변호사, 공인회계사, 세무사, 건축사, 측량사, 변리사, 그 밖에 전문적 지식 또는 특별한 기능을 가진 자가 그 지식 또는 기능을 활용하여 보수 또는 그 밖의 대가를 받고 제공하는 용역 (대학이 자체연구관리비 규정에 따라 대학에서 연구비를 관리하는 경우에 교수가 제공하는 연구용역 포함) 라. 그 밖에 고용관계 없이 수당 또는 이와 유사한 성질의 대가를 받고 제공하는 용역
79	「소득세법」 제21조 제1항 제19호에 해당하는 소득으로서 자문 또는 고문 활동을 하고 보수 또는 이와 유사한 성질의 대가를 받고 제공하는 용역

라. ⑪ ~ ⑫란은 소득자의 성명(상호), 주민(사업자)등록번호를 적습니다.

마. ⑬ 외국인 여부란은 소득자가 외국인일 경우에는 "○"를 표시하고 내국인일 경우에는 표시하지 않습니다.

바. ⑮ 지급액란은 소득자를 기준으로 해당 월에 지급한 금액을 적습니다.
[건별 소액부징수(⑲ 소득세액이 1천원 미만인 경우를 말합니다)되는 지급액도 적어 제출합니다]

사. ⑯ 필요경비란은 ⑮ 지급액의 100분의 60을 적습니다. 다만, 실제 지출한 필요경비가 100분의 60의 금액을 초과하면 그 초과하는 금액도 포함하여 적습니다.

아. ⑰ 소득금액란은 ⑮ 지급액에서 ⑯ 필요경비를 뺀 금액을 적습니다.

자. ⑱ 세율란은 20%를 적습니다.

차. ⑲ 소득세란은 ⑰ 소득금액과 ⑱ 세율 20%를 곱한 금액을 적습니다.

카. ⑳ 지방소득세란은 ⑲ 소득세에 10%를 곱한 금액을 적습니다.

210㎜×297㎜(백상지80g/㎡)

별첨 10 퇴직소득원천징수영수증–1 [소득세법시행규칙(별지 제24호서식(2))]

■ 소득세법 시행규칙[별지 제24호서식(2)](2024.03.22 개정)

(2쪽 중 제1쪽)

관리번호	

퇴직소득원천징수영수증/지급명세서

([ ]소득자 보관용 [ ]발행자 보관용 [ ]발행자 보고용)

거주구분	거주자1 / 비거주자2		
내 · 외국인	내국인1 / 외국인9		
종교관련종사자 여부	여 1 / 부 2		
거주지국		거주지국코드	
징수의무자 구분	사업장1/공적연금사업자3		

징수 의무자	① 사업자등록번호	② 법인명(상호)	③ 대표자(성명)
	④ 법인(주민)등록번호	⑤ 소재지(주소)	
소득자	⑥ 성 명	⑦ 주민등록번호	
	⑧ 주 소		⑨ 임원 여부 [ ]여 [ ]부
	⑩ 확정급여형 퇴직연금 제도 가입일		⑪ 2011.12.31.퇴직금
귀속연도	부터 까지	⑫ 퇴직사유	[ ]정년퇴직 [ ]정리해고 [ ]자발적 퇴직 [ ]임원퇴직 [ ]중간정산 [ ]기 타

	근무처구분	중간지급 등	최종	정산
퇴직 급여 현황	⑬ 근무처명			
	⑭ 사업자등록번호			
	⑮ 퇴직급여			
	⑯ 비과세 퇴직급여			
	⑰ 과세대상 퇴직급여(⑮-⑯)			

	구 분	⑱ 입사일	⑲ 기산일	⑳ 퇴사일	㉑ 지급일	㉒ 근속월수	㉓ 제외월수	㉔ 가산월수	㉕ 중복월수	㉖ 근속연수
근속 연수	중간지급 근속연수									
	최종 근속연수									
	정산 근속연수									

	계산내용	금 액
과세표준 계산	㉗ 퇴직소득(⑰)	
	㉘ 근속연수공제	
	㉙ 환산급여 [(㉗-㉘)× 12배/정산근속연수]	
	㉚ 환산급여별공제	
	㉛ 퇴직소득과세표준(㉙-㉚)	

	계산내용	금 액
퇴직소득 세액계산	㉜ 환산산출세액(㉛× 세율)	
	㉝ 퇴직소득 산출세액(㉜× 정산근속연수/12배)	
	㉞ 세액공제	
	㉟ 기납부(또는 기과세이연) 세액	
	㊱ 신고대상세액(㉝-㉞-㉟)	

	㊲ 신고대상세액(㊱)	연금계좌 입금명세					㊴ 퇴직급여(⑰)	㊵ 이연 퇴직소득세 (㊲×㊳/㊴)
이연 퇴직 소득 세액 계산		연금계좌취급자	사업자등록번호	계좌번호	입금일	㊳계좌입금금액		
		㊶ 합 계						

	구 분	소득세	지방소득세	농어촌특별세	계
납부 명세	㊷ 신고대상세액(㊱)				
	㊸ 이연퇴직소득세(㊵)				
	㊹ 차감원천징수세액(㊷-㊸)				

위의 원천징수세액(퇴직소득)을 정히 영수(지급)합니다.

년 월 일

징수(보고)의무자 (서명 또는 인)

세 무 서 장 귀하

210㎜×297㎜[백상지80g/㎡ 또는 중질지80g/㎡]

별첨 10 퇴직소득원천징수영수증-2[소득세법시행규칙(별지 제24호서식(2))]

(2쪽 중 제2쪽)

작 성 방 법

1. 퇴직소득자가 「소득세법」 제12조제5호아목에 따른 "종교관련종사자" 에 해당하여, 원천징수의무자가 「소득세법」 제22조 제1항 제3호 및 동법 시행령 제42조의2 제4항 제4호의 퇴직소득을 원천징수하는 경우에만 "종교관련종사자 여부"란에 여 1을 선택합니다.

2. 거주지국과 거주지국코드는 비거주자에 해당하는 경우에만 적으며, 국가표준화기구(ISO)가 정한 국가별 ISO코드 중 국명약어 및 국가코드를 적습니다.

3. 원천징수의무자가 근로를 제공받은 사업장의 지위로서 원천징수하는 경우에는 '사업장1' 을, 공적연금 관련법에 따른 연금사업자의 경우에는 '공적연금사업자3 을 체크합니다. 연금계좌 취급자가 지급하는 퇴직소득은 연금계좌 원천징수영수증을 제출해야 합니다.

4. 원천징수의무자는 퇴직소득 해당 과세기간의 다음 연도 3월 10일까지(휴업 또는 폐업한 경우에는 휴업일 또는 폐업일이 속하는 달의 다음 다음 달 말일을 말합니다)까지 이 서식을 제출합니다.

5. 징수의무자란의 ④ 법인(주민)등록번호는 소득자 보관용에는 적지 않습니다.

6. 소득자란의 임원 여부 ⑨에서 임원은 「법인세법 시행령」 제40조제1항 각 호의 어느 하나의 직무에 종사하는 사람을 말합니다. ⑨에서 임원으로 표시하는 경우 ⑪ 2011.12.31.퇴직금 란에 해당 임원이 "2011년 12월 31일에 퇴직하였다고 가정할 때 지급받을 퇴직소득금액"을 적습니다.

7. ⑩ 확정급여형 퇴직연금제도 가입일란: 해당 퇴직자가 확정급여형 퇴직연금제도의 가입자인 경우만 적습니다.

8. 퇴직급여현황(⑬~⑰)의 작성방법은 다음과 같습니다.

가. ⑬ 근무처명 및 ⑭ 사업자등록번호란: 해당 퇴직자의 근무처를 적습니다. 중간지급 등란에는 현 근무처의 퇴직 전 중간지급, 퇴직금의 분할지급 또는 퇴직으로 해당 연도에 이미 발생한 퇴직금이 있는 경우 그 퇴직금이 발생한 근무처 및 사업자등록번호를 적습니다.

나. ⑮ 퇴직급여, ⑯ 비과세퇴직급여, ⑰ 과세대상 퇴직급여란: 사용자에게 퇴직으로 지급받은 퇴직소득(임원의 경우 임원퇴직소득 한도초과금액은 제외합니다)과 퇴직소득 중 비과세퇴직소득을 적습니다.

9. 근속연수(⑱~㉖)의 작성방법은 다음과 같습니다.

가. ⑱ 입사일란: 해당 근무처에서 근로를 제공하기 시작한 날을 적습니다.

나. ⑲ 기산일란: 해당 근무처에서 근로를 제공하기 시작한 날을 적습니다. 다만, 중간지급을 받은 경우 중간지급 받은 날의 다음 날을 적습니다.

다. ⑳ 퇴사일란: 퇴직한 날(「소득세법 시행령」 제43조제2항에 따라 퇴직한 날로 보는 경우를 포함합니다)을 적습니다.

라. ㉓ 제외월수란: 퇴직금 산정 시 근속연수에서 제외된 기간의 월수를 적습니다.

마. ㉔ 가산월수란: 「소득세법 시행령」 제105조제2항에 따른 근속연수가 입사일 · 퇴사일로 계산한 근속연수와 다른 경우 가산해야 하는 월수를 적습니다.

10. 퇴직소득세액 계산방법(㉗~㊱)의 작성방법은 다음과 같습니다.

가. ㉗ 퇴직소득란: ⑰ 과세대상 퇴직급여를 적습니다.

나. ㉘ 환산급여별공제란: 환산급여에 따라 아래의 공제액을 적습니다.

구분 \ 환산급여	8백만원 이하	8백만원 초과 7천만원 이하	7천만원 초과 1억원 이하	1억원 초과 3억원 이하	3억원 초과
환산급여공제	환산급여의 100%	8백만원+ (8백만원 초과분의 60%)	4천520만원+ (7천만원 초과분의 55%)	6천170만원+ (1억원 초과분의 45%)	1억5천170만원+ (3억원 초과분의 35%)

다. ㉜ 환산산출세액란: ㉛ 퇴직소득과세표준에 세율을 적용하여 산출한 값을 적습니다.

라. ㉞ 세액공제란: 「소득세법」 제57조에 따라 거주자의 퇴직소득금액에 국외원천소득이 합산되어 있는 경우로서 그 국외원천소득에 대하여 외국에서 외국소득세액을 납부하였거나 납부할 것이 있을 때에는 해당 금액을 기재합니다.

11. 이연퇴직소득세액 계산(㊲~㊶)은 「소득세법」 제146조제2항에 따라 퇴직급여액을 연금계좌에 입금(이체)하여 퇴직소득세 징수를 하지 않은 경우에 작성합니다.(거주자인 경우만 작성합니다)

가. ㊳ 계좌입금금액란: ⑰ 과세대상 퇴직급여의 최종란의 금액 중 과세이연계좌에 입금(이체)한 금액을 적습니다. 다만, 징수 후 환급하는 경우 해당 거주자가 과세이연계좌신고서에 입금금액으로 표기한 금액을 적습니다.

나. ㊴ 퇴직급여란: ⑰ 과세대상 퇴직급여의 최종란의 금액을 적습니다. 다만, 징수 후 환급하는 경우 퇴직급여액에서 처음 원천징수한 소득세 등을 차감한 금액을 적습니다.

다. ㊵ 이연퇴직소득세란: ㊲ 신고대상세액에 연금계좌 입금비율(㊳ 계좌입금금액 / ㊴ 퇴직급여)을 곱하여 산정합니다. 다만, 그 계산 결과가 음수인 경우에는 "0" 을 적습니다.

12. 납부명세(㊷~㊹)의 작성방법은 다음과 같습니다.

가. ㊷ 신고대상세액란: 퇴직소득세액계산에서 산출된 ㊱ 신고대상세액을 적습니다.

나. ㊸ 이연퇴직소득세란: 이연퇴직소득세로 계산된 세액(㊵)을 적습니다.

다. ㊹ 차감원천징수세액란: ㊷ 신고대상세액에서 ㊸ 이연퇴직소득세를 차감한 값을 적습니다.

210㎜×297㎜[백상지80g/㎡ 또는 중질지80g/㎡]

근로소득원천징수영수증-1 [소득세법시행규칙(별지 제24호서식(1))]

■ 소득세법 시행규칙 [별지 제24호서식(1)](2023.12.29 개정)

(8쪽 중 제1쪽)

관리번호	

[ ]근로소득 원천징수영수증
[ ]근로소득 지 급 명 세 서

([ ]소득자 보관용 [ ]발행자 보관용 [ ]발행자 보고용)

거주구분		거주자1/비거주자2	
거주지국		거주지국코드	
내 · 외국인		내국인1 /외국인9	
외국인단일세율적용		여 1 / 부 2	
외국법인소속 파견근로자 여부		여 1 / 부 2	
종교관련종사자 여부		여 1 / 부 2	
국적		국적코드	
세대주 여부		세대주1, 세대원2	
연말정산 구분		계속근로1, 중도퇴사2	

징 수 의무자	① 법인명(상 호)		② 대 표 자(성 명)	
	③ 사업자등록번호		④ 주 민 등 록 번 호	
	③-1 사업자단위과세자 여부	여1 / 부2	③-2 종사업장 일련번호	
	⑤ 소 재 지(주소)			
소득자	⑥ 성 명		⑦ 주 민 등 록 번 호(외국인등록번호)	
	⑧ 주 소			

	구 분		주(현)	종(전)	종(전)	⑯-1 납세조합	합 계
I 근무처별소득명세	⑨ 근 무 처 명						
	⑩ 사업자등록번호						
	⑪ 근무기간		~	~	~	~	~
	⑫ 감면기간		~	~	~	~	~
	⑬ 급 여						
	⑭ 상 여						
	⑮ 인 정 상 여						
	⑮-1 주식매수선택권 행사이익						
	⑮-2 우리사주조합인출금						
	⑮-3 임원 퇴직소득금액 한도초과액						
	⑮-4 직무발명보상금						
	⑯ 계						
II 비과세및감면소득명세	⑱ 국외근로	MOX					
	⑱-1 야간근로수당	O0X					
	⑱-2 출산 · 보육수당	Q0X					
	⑱-4 연구보조비	H0X					
	⑱-5						
	⑱-6						
	~						
	⑱-40 비과세식대	P01					
	⑲ 수련보조수당	Y22					
	⑳ 비과세소득 계						
	⑳-1 감면소득 계						

	구 분				(79) 소 득 세	(80) 지방소득세	(81) 농어촌특별세
III 세액명세	(73) 결 정 세 액						
	기납부 세 액	(74) 종(전)근무지 (결정세액란의 세액을 적습니다)	사업자 등록 번호				
		(75) 주(현)근무지					
	(76) 납부특례세액						
	(77) 차 감 징 수 세 액((73)-(74)-(75)-(76))						

위의 원천징수액(근로소득)을 정히 영수(지급)합니다.

년 월 일

징수(보고)의무자 (서명 또는 인)

세 무 서 장 귀하

별첨 11 근로소득원천징수영수증-2[소득세법시행규칙(별지 제24호서식(1))]

(8쪽 중 제2쪽)

IV 정산명세				㉑ 총급여(⑯, 외국인단일세율 적용시 연간 근로소득)		
				㉒ 근로소득공제		
				㉓ 근로소득금액		
	종합소득공제	기본공제		㉔ 본 인		
				㉕ 배 우 자		
				㉖ 부 양 가 족(명)		
		추가공제		㉗ 경 로 우 대(명)		
				㉘ 장 애 인(명)		
				㉙ 부 녀 자		
				㉚ 한 부 모 가 족		
		연금보험료공제		㉛ 국민연금보험료	대상금액	
					공제금액	
			㉜ 공적연금 보험료 공제	㉮ 공무원연금	대상금액	
					공제금액	
				㉯ 군인연금	대상금액	
					공제금액	
				㉰ 사립학교교직원연금	대상금액	
					공제금액	
				㉱ 별정우체국연금	대상금액	
					공제금액	
		특별소득공제	㉝ 보험료	㉮ 건강보험료(노인장기요양보험료포함)	대상금액	
					공제금액	
				㉯ 고용보험료	대상금액	
					공제금액	
			㉞ 주택자금	㉮ 주택임차차입금 원리금상환액	대출기관	
					거주자	
				㉯ 장기주택저당차입금 이자상환액 / 2011년 이전 차입분	15년 미만	
					15년~29년	
					30년 이상	
				㉯ 장기주택저당차입금 이자상환액 / 2012년 이후 차입분(15년 이상)	고정금리 이거나, 비거치상환 대출	
					그 밖의 대출	
				㉯ 장기주택저당차입금 이자상환액 / 2015년 이후 차입분 / 15년 이상	고정금리이면서 비거치상환 대출	
					고정금리 이거나, 비거치상환 대출	
					그 밖의 대출	
				㉯ 장기주택저당차입금 이자상환액 / 2015년 이후 차입분 / 10년~15년	고정금리 이거나, 비거치상환 대출	
				㉟ 기부금(이월분)		
				㊱ 계		
				㊲ 차 감 소 득 금 액		
	그 밖의 소득공제			㊳ 개인연금저축		
				㊴ 소기업·소상공인 공제부금		
		㊵ 주택마련저축소득공제		㉮ 청약저축		
				㉯ 주택청약종합저축		
				㉰ 근로자주택마련저축		
				㊶ 투자조합출자 등		
				㊷ 신용카드등 사용액		
				㊸ 우리사주조합 출연금		
				㊹ 고용유지 중소기업 근로자		
				㊺ 장기집합투자증권저축		
				㊻ 청년형 장기집합투자증권저축		
				㊼ 그 밖의 소득공제 계		
				㊽ 소득공제 종합한도 초과액		

			㊾ 종합소득 과세표준		
			㊿ 산출세액		
세액감면			(51) 「소득세법」		
			(52) 「조세특례제한법」((53) 제외)		
			(53) 「조세특례제한법」 제30조		
			(54) 조세조약		
			(55) 세 액 감 면 계		
세액공제			(56) 근로소득		
			(57) 자녀	공제대상자녀 (명)	
				출산·입양자 (명)	
	연금계좌		(58) 「과학기술인공제회법」에 따른 퇴직연금	공제대상금액	
				세액공제액	
			(59) 「근로자퇴직급여 보장법」에 따른 퇴직연금	공제대상금액	
				세액공제액	
			(60) 연금저축	공제대상금액	
				세액공제액	
			(60)-1 개인종합자산관리계좌 만기시 연금계좌 납입액	공제대상금액	
				세액공제액	
	특별세액공제		(61) 보험료 / 보장성	공제대상금액	
				세액공제액	
			(61) 보험료 / 장애인전용 보장성	공제대상금액	
				세액공제액	
			(62) 의료비	공제대상금액	
				세액공제액	
			(63) 교육비	공제대상금액	
				세액공제액	
		(64) 기부금	㉮ 정치자금 기부금 / 10만원 이하	공제대상금액	
				세액공제액	
			㉮ 정치자금 기부금 / 10만원 초과	공제대상금액	
				세액공제액	
			㉯ 고향사랑 기부금 / 10만원 이하	공제대상금액	
				세액공제액	
			㉯ 고향사랑 기부금 / 10만원 초과	공제대상금액	
				세액공제액	
			㉰ 특례기부금	공제대상금액	
				세액공제액	
			㉱ 우리사주조합 기부금	공제대상금액	
				세액공제액	
			㉲ 일반 기부금(종교단체 외)	공제대상금액	
				세액공제액	
			㉳ 일반기부금(종교단체)	공제대상금액	
				세액공제액	
			(65) 계		
			(66) 표준세액공제		
			(67) 납세조합공제		
			(68) 주택차입금		
			(69) 외국납부		
			(70) 월세액	공제대상금액	
				세액공제액	
			(71) 세 액 공 제 계		
			(72) 결 정 세 액((50)-(55)-(71))		
			(82) 실효세율(%) ((72)/㉑)×100		

별첨 11 근로소득원천징수영수증-3[소득세법시행규칙(별지 제24호서식(1))]

(8쪽 중 제3쪽)

⑱ 소득·세액공제 명세[인적공제항목은 해당란에 "○"표시(장애인 해당 시 해당 코드 기재)를 하며, 각종 소득공제·세액공제 항목은 공제를 위하여 실제 지출한 금액을 적습니다.]

인적공제 항목						각종 소득공제·세액공제 항목											
관계코드	성 명	기본공제		경로우대	출산입양	자료구분	보험료				의료비					교육비	
내·외국인	주민등록번호	부녀자	한부모	장애인	자녀		건강	고용	보장성	장애인전용보장성	일반	미숙아·선천성이상아	난임	65세이상·장애인 건강보험산정특례자	실손의료보험금	일반	장애인특수교육
인적공제 항목에 해당하는 인원수를 적습니다.						국세청 계											
						기타 계											
0		○				국세청											
	(근로자 본인)					기타											
						국세청											
	-					기타											
						국세청											
	-					기타											

각종 소득공제·세액공제 항목										
자료구분		신용카드등 사용액공제								기부금
		신용카드	직불카드등	현금영수증	도서공연등사용분(총급여 7천만원 이하자만 기재)		전통시장사용분		대중교통 이용분	
					1-3월	4-12월	1-3월	4-12월		
국세청 계										
기타 계										
국세청										
기타										
국세청										
기타										

작성 방법

「소득세법」 제149조제1호에 해당하는 납세조합이 「소득세법」 제127조제1항제4호 각 목에 해당하는 근로소득을 연말정산하는 경우에도 사용하며, 이 경우 "⑨ 근무처명"란 및 "⑩ 사업자등록번호"란에는 실제 근무처의 상호 및 사업자번호를 적습니다. 다만, 근무처의 사업자등록이 없는 경우 납세조합의 사업자등록번호를 적습니다.

1. 거주지국과 거주지국코드는 근로소득자가 비거주자에 해당하는 경우에만 적으며, 국제표준화기구(ISO)가 정한 ISO코드 중 국명약어 및 국가코드를 적습니다(※ ISO국가코드: 국세청홈페이지→국세정책/제도→국제조세정보→참고자료실→국제표준화기구(ISO)가 정한 국가코드에서 조회할 수 있습니다) 예) 대한민국 : KR, 미국 : US
2. 근로소득자가 외국인에 해당하는 경우에는 "내·외국인"란에 "외국인 9"를 선택하고 "국적 및 국적코드"란에 국제표준화기구(ISO)가 정한 ISO코드 중 국명약어 및 국가코드를 적습니다. 해당 근로소득자가 외국인근로자 단일세율적용신청서를 제출한 경우"외국인단일세율 적용"란에 여1을 선택합니다. 또한, 근로소득자가 종교관련종사자에 해당하는 경우에는 "종교관련종사자 여부"란에 여1을 선택합니다.
3. 원천징수의무자가 「부가가치세법」에 따른 사업자단위 과세자에 해당할 경우 ③-1에서 여1을 선택하고, ③-2에 소득자가 근무하는 사업장의 종사업장 일련번호를 적습니다.
4. 원천징수의무자는 지급일이 속하는 연도의 다음 연도 3월 10일(휴업 또는 폐업한 경우에는 휴업일 또는 폐업일이 속하는 달의 다음 다음 달 말일을 말합니다)까지 지급명세서를 제출해야 합니다.
5. "Ⅰ. 근무처별 소득명세"란은 비과세소득을 제외한 금액을 해당 항목별로 적고, "Ⅱ. 비과세 및 감면소득 명세"란에는 지급명세서 작성대상 비과세소득 및 감면대상을 해당 코드별로 구분하여 적습니다(적을 항목이 많은 경우 "Ⅱ. 비과세 및 감면소득 명세"란의 "⑳ 비과세소득 계"란 및 "⑳-1 감면세액 계"란에 총액만 적고, "Ⅱ.비과세 소득"란을 별지로 작성할 수 있습니다).
6. 「소득세법」 제127조제1항제4호의 각 목에 해당하는 근로소득과 그 외 근로소득[주(현)란] 더하여 연말정산하는 때에는 "⑯-1 납세조합"란에 각각 근로소득납세조합과 「소득세법」 제127조제1항제4호 각 목에 해당하는 근로소득을 적고, 「소득세법」 제150조에 따른 납세조합공제금액을 "㊼ 납세조합공제"란에 적습니다. 합병, 기업형태 변경 등으로 존속 법인 등이 연말정산을 하는 경우에는 피합병법인에서 발생한 소득과 기업형태 변경 전의 법인에서 발생한 소득은 근무처별 소득명세 종(전)란에 별도로 적습니다.
   또한, 동일회사 내 사업자등록번호가 다른 곳에서 전입 등을 하여 해당 법인이 연말정산을 하는 경우에는 전입하기 전 지점 등에서 발생한 소득은 "근무처별 소득명세 종(전)"란에 별도로 적습니다.
7. "㉑ 총급여"란에는 "⑯계"란의 금액을 적되, 외국인근로자가 「조세특례제한법」(이하 이 서식에서 "조특법"이라 합니다) 제18조의2제2항에 따라 단일세율을 적용하는 경우에는 "⑯계"의 금액과 비과세소득금액을 더한 금액을 적습니다. 이 경우 소득세와 관련한 비과세·공제·감면 및 세액공제에 관한 규정은 적용하지 않습니다.
8. "종합소득 특별소득공제(㉝~㉟)"란과 "그 밖의 소득공제(㊳~㊼)"란은 근로소득자 소득·세액 공제신고서(별지 제37호서식)의 공제액을 적습니다(소득공제는 서식에서 정하는 바에 따라 순서대로 소득공제를 적용하여 종합소득과세표준과 세액을 계산합니다).
9. "연금계좌(㊽~㊿-1)"란과 "특별세액공제(61~66)"란은 근로소득자 소득·세액 공제신고서(별지 제37호서식)의 공제대상금액 및 세액공제액을 적습니다.

별첨 11 근로소득원천징수영수증-4[소득세법시행규칙(별지 제24호서식(1))]

(8쪽 중 제4쪽)

작성방법

10. ㊽ 소득공제 종합한도 초과액은 ㉞ 주택자금공제(㉮+㉯), ㊴ 소기업·소상공인 공제부금 소득공제, ㊵ 주택마련저축 소득공제(㉮+㉯+㉰), ㊶ 투자조합출자 등 소득공제(「조세특례제한법」 제16조제1항제3호·제4호는 제외), ㊷ 신용카드등 사용액 소득공제액, ㊸ 우리사주조합 출연금 소득공제액, ㊺ 장기집합투자증권저축 소득공제액 전체를 합한 금액이 2,500만원을 초과하는 경우 적습니다.

11. ㊾ 종합소득 과세표준은 ㊲ 차감소득금액에서 ㊼ 그 밖의 소득공제 계를 차감하고 ㊽ 소득공제 종합한도 초과액을 더하여 적습니다.

12. ⑯ 납부특례세액은 「조세특례제한법」 제16조의3제1항에 따라 주식매수선택권을 행사함으로써 얻은 이익에 대하여 벤처기업 또는 벤처기업이 발행주식 총수의 100분의 30 이상을 인수한 기업의 임원 또는 종업원이 원천징수의무자에게 납부특례의 적용을 신청한 경우에는 해당 과세기간의 결정세액에서 해당 과세기간의 근로소득금액 중 주식매수선택권을 행사함으로써 얻는 이익에 따른 소득금액을 제외하여 산출한 결정세액을 뺀 금액을 적습니다.

13. 파견외국법인 소속 파견근로자의 경우 기납부세액은 해당 파견근로자 개인별 근로소득에 대한 소득세로 실제 원천징수된 세액을 확인하여 적습니다. 다만, 파견근로자별로 원천징수세액을 구분하기 어려운 경우에는 사용내국법인이 파견외국법인에게 지급한 파견근로 대가에 대한 원천징수세액(2018. 6. 30.이전 17%, 2018. 7. 1.이후 19%)에 총 파견근로자의 결정세액 합계에 대한 각 파견근로자별 결정세액의 비율을 곱하여 적습니다.

14. 이 서식에 적는 금액 중 ㉜ 실효세율은 소숫점 둘째자리에서 반올림하여 소숫점 첫째 자리만으로 표시하고 그 외는 소수점 이하 값만 버리며, ⑰ 차감징수세액이 소액 부징수(1천원 미만을 말합니다)에 해당하는 경우 세액을 "0"으로 적습니다.

15. "⑱ 소득·세액공제 명세"란은 다음과 같이 작성합니다.

가. 관계코드란

구 분	관계코드	구 분	관계코드	구 분	관계코드
소득자 본인 (소득세법 §50 ① 1)	0	소득자의 직계존속 (소득세법 §50 ① 3 가)	1	배우자의 직계존속 (소득세법 §50 ① 3 가)	2
배우자 (소득세법 §50 ① 2)	3	직계비속(자녀·손자녀, 입양자) (소득세법 §50 ① 3 나)	4	직계비속(코드 4 제외) (소득세법 §50 ① 3 나)	5*
형제자매 (소득세법 §50 ① 3 다)	6	수급자(코드1~6제외) (소득세법 §50 ① 3 라)	7	위탁아동 (소득세법 §50 ① 3 마)	8

* 직계비속과 그 배우자가 장애인인 경우 그 배우자는 포함하되 코드 4는 제외합니다.

※ 관계코드 4~6는 소득자와 배우자의 각각의 관계를 포함합니다.

나. 내·외국인란: 내국인의 경우 "1"로, 외국인의 경우 "9"로 적습니다.

다. 인적공제항목란: 인적공제사항이 있는 경우 해당란에 "○" 표시를 합니다(해당 사항이 없을 경우 비워둡니다).

라. 국세청 자료란: 소득·세액공제 증명서류로 국세청 홈택스 홈페이지(www.hometax.go.kr)에서 제공하는 자료를 이용하는 경우 각 소득·세액공제 항목의 금액 중 소득·세액 공제대상이 되는 금액을 적습니다.

마. 기타 자료란: 국세청에서 제공하는 증명서류 외의 증명서류를 이용하는 경우를 말합니다(예를 들면, 시력교정용 안경구입비는 "의료비 항목"의 "기타"란에 적습니다).

바. 각종 소득·세액 공제 항목란: 소득·세액공제항목에 해당하는 실제 지출금액을 적습니다(소득·세액공제액이 아닌 실제 사용금액을 공제항목별로 구분된 범위 안에 적습니다).

사. 의료비(일반, 미숙아·선천성이상아, 난임, 65세이상·장애인·건강보험산정특례자)란: 해당 과세기간에 지출한 의료비 총액을 적습니다. (실손의료보험금란에는 해당 과세기간에 보험회사로부터 수령한 실손의료보험금을 적습니다)

16. 해당 근로소득자가 월세액, 거주자 간 주택임차자금 차입금 원리금 상환액을 소득·세액공제를 한 경우에는 근로소득지급명세서를 원천징수 관할 세무서장에게 제출 시 해당 명세서를 함께 제출해야 합니다.

17. 해당 근로소득자가 주택마련저축·장기집합투자증권저축 소득공제, 퇴직연금·연금저축·기부금 세액공제를 한 경우에는 근로소득지급명세서를 원천징수 관할 세무서장에게 제출 시 해당 명세서(기부금세액공제가 있는 경우에는 별지 제45호서식 기부금명세서)를 함께 제출해야 합니다.

18. ㉞ 주택자금공제의 15년 이상 29년 이하, 30년 이상에는 「소득세법 시행령」(이하 이 서식에서 "소득령"이라 합니다) 제112조제10항제5호가 해당되는 경우를 포함하여 적습니다.

19. ⑱ 소득·세액공제 명세 작성 시 인적공제 항목 중 본인 또는 부양가족이 장애인인 경우 다음의 코드를 해당 항목에 적습니다.

구분	코드
「장애인복지법」에 따른 장애인 등	1
「국가유공자 등 예우 및 지원에 관한 법률」에 따른 상이자 및 이와 유사한 자로서 근로능력이 없는 자	2
그 밖에 항시 치료를 필요로 하는 중증환자	3

20. 전통시장 사용액과 대중교통 이용액은 전통시장이나 대중교통을 이용 시 신용카드, 현금영수증, 직불카드·선불카드 등으로 사용한 금액의 합계액을 적습니다.

21. 도서·신문·영화관람료·공연·박물관·미술관(이하 이 서식에서 "도서·공연등 사용분"이라 합니다)은 총급여가 7천만원 이하인 근로자에 한하여 적용하되 도서·공연등 사용분이 전통시장 사용분에도 해당할 경우 전통시장 사용분으로 공제 받습니다(신문 사용분의 경우 2021년 1월 1일 이후 사용하는 분부터 적용합니다).

22. 총급여 7천만원 초과자의 도서·공연등 사용분은 신용카드, 현금영수증, 직불카드등 결제수단별 소득공제 금액에 포함하여 계산한 금액을 소득공제합니다.

별첨 11 근로소득원천징수영수증-5[소득세법시행규칙(별지 제24호서식(1))]

(8쪽 중 제5쪽)

비과세 및 감면 소득 코드

구분	법조문	코드	기재란	비과세항목	지급명세서 작성 여부
비과세	소득세법 § 12 3 가	A01		복무 중인 병(兵)이 받는 급여	×
	소득세법 § 12 3 나	B01		법률에 따라 동원 직장에서 받는 급여	×
	소득세법 § 12 3 다	C01		「산업재해보상보험법」 에 따라 지급받는 요양급여 등	×
	소득세법 § 12 3 라	D01		「근로기준법」 등에 따라 지급받는 요양보상금 등	×
	소득세법 § 12 3 마	E01		「고용보험법」 등에 따라 받는 육아휴직급여 등	×
		E02		「국가공무원법」 등에 따라 받는 육아휴직수당 등	×
	소득세법 § 12 3 바	E10		「국민연금법」 에 따라 받는 반환일시금(사망으로 받는 것에 한함) 및 사망일시금	×
	소득세법 § 12 3 사	F01		「공무원연금법」 등에 따라 받는 요양비 등	×
	소득세법 § 12 3 아	G01	⑱-5	비과세 학자금(소득령 § 11)	○
	소득세법 § 12 3 자	H02		소득령 § 12 2 ~ 3(일직료 · 숙직료 등)	×
		H03		소득령 § 12 3(자가운전보조금)	×
		H04		소득령 § 12 4, 8(법령에 따라 착용하는 제복 등)	×
		H05	⑱-18	소득령 § 12 9 ~ 11(경호수당, 승선수당 등)	○
		H06	⑱-4	소득령 § 12 12 가(연구보조비 등)-「유아교육법」, 「초 · 중등교육법」	○
		H07	⑱-4	소득령 § 12 12 가(연구보조비 등)-「고등교육법」	○
		H08	⑱-4	소득령 § 12 12 가(연구보조비 등)-특별법에 따른 교육기관	○
		H09	⑱-4	소득령 § 12 12 나(연구보조비 등)	○
		H10	⑱-4	소득령 § 12 12 다(연구보조비 등)	○
		H14	⑱-22	소득령 § 12 13 가(보육교사 근무환경개선비)-「영유아보육법 시행령」	○
		H15	⑱-23	소득령 § 12 13 나(사립유치원 수석교사 · 교사의 인건비)-「유아교육법 시행령」	○
		H11	⑱-6	소득령 § 12 14 (취재수당)	○
		H12	⑱-7	소득령 § 12 15 (벽지수당)	○
		H13	⑱-8	소득령 § 12 16 (천재 · 지변 등 재해로 받는 급여)	○
		H16	⑱-24	소득령 § 12 17 (정부 · 공공기관 중 지방이전기관 종사자 이전지원금)	○
		H17	⑱-30	소득령 § 12 18(종교관련종사자가 소속 종교단체의 규약 또는 소속 종교단체의 의결기구의 의결 · 승인 등을 통하여 결정된 지급 기준에 따라 종교 활동을 위하여 통상적으로 사용할 목적으로 지급받은 금액 및 물품)	○
	소득세법 § 12 3 차	I01	⑱-19	외국정부 또는 국제기관에 근무하는 사람에 대한 비과세	○
	소득세법 § 12 3 카	J01		「국가유공자 등 예우 및 지원에 관한 법률」 에 따라 받는 보훈급여금 및 학습보조비	×
	소득세법 § 12 3 타	J10		「전직대통령 예우에 관한 법률」 에 따라 받는 연금	×
	소득세법 § 12 3 파	K01	⑱-10	작전임무 수행을 위해 외국에 주둔하는 군인 등이 받는 급여	○
	소득세법 § 12 3 하	L01		종군한 군인 등이 전사한 경우 해당 과세기간의 급여	×
	소득세법 § 12 3 거	M01	⑱	소득령 § 16①1(국외 등에서 근로에 대한 보수) 100만원	○
		M02	⑱	소득령 § 16①1(국외 등에서 근로에 대한 보수) 300만원	○
		M03	⑱	소득령 § 16①2(국외근로)	○
	소득세법 § 12 3 너	N01		「국민건강보험법」 등에 따라 사용자 등이 부담하는 보험료	×
	소득세법 § 12 3 더	O01	⑱-1	생산직 등에 종사하는 근로자의 야간수당 등	○
	소득세법 § 12 3 러	P01	⑱-40	비과세 식사대(월 20만원 이하)	○
		P02		현물 급식	×
	소득세법 § 12 3 머	Q01	⑱-2	출산, 6세 이하의 자녀의 보육 관련 비과세 급여(월 10만원 이내)	○
	소득세법 § 12 3 버	R01		국군포로가 지급받는 보수 등	×
	소득세법 § 12 3 서	R10	⑱-21	「교육기본법」 제28조제1항에 따라 받는 장학금	○
	소득세법 § 12 3 어	R11	⑱-29	소득령 17의3 비과세 직무발명보상금	○
	소득세법 § 12 3 저	V01		사택 제공 이익	×
		V02		주택 자금 저리 · 무상 대여 이익	×
		V03		종업원 등을 수익자로하는 보험료 · 신탁부금 · 공제부금	×
		V04		공무원이 받는 상금과 부상(연 240만원 이내)	×
	구 조특법 § 15	S01	⑱-11	주식매수선택권 비과세	○
	조특법 § 16의2	U01	⑱-31	벤처기업 주식매수 선택권 행사이익 비과세	○
	조특법 § 88의4⑥	Y02	⑱-14	우리사주조합 인출금 비과세(50%)	○
		Y03	⑱-15	우리사주조합 인출금 비과세(75%)	○
		Y04	⑱-16	우리사주조합 인출금 비과세(100%)	○
	소득세법 § 12 3 자	Y22	⑲	소득령 § 12 13 다(전공의 수련보조수당)	○
감면	조특법 § 18	T01	⑱-12	외국인 기술자 소득세 감면(50%)	○
		T02	⑱-36	외국인 기술자 소득세 감면(70%)	○
	조특법 § 19	T30	⑱-33	성과공유 중소기업의 경영성과급에 대한 세액공제 등	○
	조특법 § 29조의6	T40	⑱-34	중소기업 청년근로자 및 핵심인력 성과보상기금 수령액에 대한 소득세 감면 등(50%)	○
		T41	⑱-37	중견기업 청년근로자 및 핵심인력 성과보상기금 수령액에 대한 소득세 감면 등(30%)	○
		T42	⑱-38	중소기업 청년근로자 및 핵심인력 성과보상기금 수령액에 대한 소득세 감면 등(청년 90%)	○
		T43	⑱-39	중견기업 청년근로자 및 핵심인력 성과보상기금 수령액에 대한 소득세 감면 등(청년 50%)	○
	조특법 § 18조의3	T50	⑱-35	내국인 우수인력의 국내복귀에 대한 소득세 감면	○
	조특법 § 30	T12	⑱-27	중소기업 취업자 소득세 감면(70%)	○
		T13	⑱-32	중소기업 취업자 소득세 감면(90%)	○
	조세조약	T20	⑱-28	조세조약상 소득세 면제(교사 · 교수)	○

별첨 12 원천신고검토표실무서식

원천신고검토표_급여 (2025년 01월 ~ 2025년 12월)

회사명:

월	인원		급여자료						이행상황신고서	급여자료		이행상황신고서	지방소득세납부서
			A.과세	B.감면소득	C.제출비과세	A~C합계	미제출비과세	미제출포함계	총지급액	소득세	지방소득세	소득세	지방소득세
1월	계속근무자	명											
	퇴 사 자	명											
	합 계	명											
2월	계속근무자	명											
	퇴 사 자	명											
	합 계	명											
3월	계속근무자	명											
	퇴 사 자	명											
	합 계	명											
4월	계속근무자	명											
	퇴 사 자	명											
	합 계	명											
5월	계속근무자	명											
	퇴 사 자	명											
	합 계	명											
6월	계속근무자	명											
	퇴 사 자	명											
	합 계	명											
7월	계속근무자	명											
	퇴 사 자	명											
	합 계	명											
8월	계속근무자	명											
	퇴 사 자	명											
	합 계	명											
9월	계속근무자	명											
	퇴 사 자	명											
	합 계	명											
10월	계속근무자	명											
	퇴 사 자	명											
	합 계	명											
11월	계속근무자	명											
	퇴 사 자	명											
	합 계	명											
12월	계속근무자	명											
	퇴 사 자	명											
	합 계	명											
계속근무자(A01) 합계													
중도퇴사자(A02) 합계													
연말정산 종전포함(A04) 합계													
연말정산 종전미포함(A04) 합계													

별첨 13 갑근세원천징수확인서실무서식

발급번호	갑종근로소득에 대한 소득세원천징수확인서	처리기간
No.	(▣매월신고납부대상자 확인 □반기별 신고납부 대상자 확인)	즉 시

납세자	① 성 명		② 주민등록번호	
	③ 주소또는거소			
징수의무자	④ 상호또는명칭		⑤ 사업자등록번호	- -
	⑥ 사업장소재지			
	⑦ 대 표 자		⑧주민(법인)등록번호	

⑨확인서의사용목적		⑩제출처		⑪소요수량	통

연 월	⑫급여액	⑬세 액	⑭납부연월일	연 월	급여액	세 액	납부연월일
				계			

발급일 현재 위와 같이 원천징수하였음을 확인하여 주시기 바랍니다.

2025년 월 일

신 청 인 1 (서명 또는 인)

위와 같이 원천징수하였음을 확인합니다.

2025년 월 일

확인자(원천징수의무자) (서명 또는 인)

확인자	사업장소재지			
	세무사 등록번호		전화번호	

위와 같이 원천징수의무자가 원천징수하였음을 확인합니다.

2025년 월 일

세무사 (인)

210㎜×297㎜(신문용지 54g/㎡)